Johannes Schultz

Der Übergang zur Elternschaft als Konsequenz rationaler Wahlhandlung

Wie rational ist die Entscheidung zur Elternschaft in den unterschiedlich entwickelten Gesellschaften

Bachelor + Master
Publishing

Schultz, Johannes: Der Übergang zur Elternschaft als Konsequenz rationaler Wahlhandlung: Wie rational ist die Entscheidung zur Elternschaft in den unterschiedlich entwickelten Gesellschaften, Hamburg, Bachelor + Master Publishing 2013

Originaltitel der Abschlussarbeit: Der Übergang zur Elternschaft als Konsequenz rationaler Wahlhandlung: Wie rational ist die Entscheidung zur Elternschaft in den unterschiedlich entwickelten Gesellschaften

Buch-ISBN: 978-3-95549-463-6
PDF-eBook-ISBN: 978-3-95549-963-1
Druck/Herstellung: Bachelor + Master Publishing, Hamburg, 2013
Covermotiv: © Kobes · Fotolia.com
Zugl. Universität Rostock, Rostock, Deutschland, Bachelorarbeit, 2010

Bibliografische Information der Deutschen Nationalbibliothek:
Die Deutsche Nationalbibliothek verzeichnet diese Publikation in der Deutschen Nationalbibliografie; detaillierte bibliografische Daten sind im Internet über http://dnb.d-nb.de abrufbar.

Das Werk einschließlich aller seiner Teile ist urheberrechtlich geschützt. Jede Verwertung außerhalb der Grenzen des Urheberrechtsgesetzes ist ohne Zustimmung des Verlages unzulässig und strafbar. Dies gilt insbesondere für Vervielfältigungen, Übersetzungen, Mikroverfilmungen und die Einspeicherung und Bearbeitung in elektronischen Systemen.

Die Wiedergabe von Gebrauchsnamen, Handelsnamen, Warenbezeichnungen usw. in diesem Werk berechtigt auch ohne besondere Kennzeichnung nicht zu der Annahme, dass solche Namen im Sinne der Warenzeichen- und Markenschutz-Gesetzgebung als frei zu betrachten wären und daher von jedermann benutzt werden dürften.

Die Informationen in diesem Werk wurden mit Sorgfalt erarbeitet. Dennoch können Fehler nicht vollständig ausgeschlossen werden und die Diplomica Verlag GmbH, die Autoren oder Übersetzer übernehmen keine juristische Verantwortung oder irgendeine Haftung für evtl. verbliebene fehlerhafte Angaben und deren Folgen.

Alle Rechte vorbehalten

© Bachelor + Master Publishing, Imprint der Diplomica Verlag GmbH
Hermannstal 119k, 22119 Hamburg
http://www.diplomica-verlag.de, Hamburg 2013
Printed in Germany

Inhaltsverzeichnis

Abbildungsverzeichnis 3

Tabellenverzeichnis 4

1 EINLEITUNG 5

2 ENTSCHEIDUNG ZUR ELTERNSCHAFT 7
2.1 Elternschaft als biographisches Entscheidungsproblem 7
2.2 Bedeutung von Kindern für die Gesamtgesellschaft 12
2.3 Wert- und Nutzenerwartungen an die Elternschaft 21
2.4 Determinanten für den Aufschub von Elternschaft 24

3 THEORETISCHE ERKLÄRUNGSANSÄTZE 29
3.1 Die Rational-Choice-Theorie 29
3.2 Die SEU-Theorie 31
3.3 Das RREEMM-Modell 34
3.4 Wann ist die Entscheidung zur Elternschaft eine Entscheidung? 35

4 DIE RATIONALITÄT DER WAHLHANDLUNGEN 38
4.1 Die Rationalität der Wahlhandlungen vor dem Übergang zur Elternschaft 38
4.2 Die Entscheidung zur Elternschaft in vorindustriellen Gesellschaften 39
4.3 Die Entscheidung zur Elternschaft zwischen Tradition und Moderne 41
4.4 Der Übergang zur Elternschaft als Konsequenz rationaler Wahlhandlung in der individualistischen Gesellschaft 44

5 DER ÜBERGANG ZUR ELTERNSCHAFT ALS KONSEQUENZ RATIONALER WAHLHANDLUNG   50

6 PERSÖNLICHE SCHLUSSBETRACHTUNG   54

Literaturverzeichnis   55
Anhang   59

Abbildungsverzeichnis

Abbildung 1:	Gründe gegen (weitere) Kinder	59
Abbildung 1a:	Gründe gegen (weitere) Kinder (Auszug aus Abbildung 1)	7
Abbildung 1b:	Gründe gegen (weitere) Kinder (Auszug aus Abbildung 1)	15
Abbildung 2:	Welche Folgen hätte eine (weitere) Geburt in den nächsten drei Jahren für Ihre Beschäftigungschancen?	9
Abbildung 3:	Bewilligte Elterngeldanträge in Deutschland für das Jahr 2007	60
Abbildung 4:	Durchschnittsalter der Frauen bei der Erstgeburt	11
Abbildung 5:	Fertilitätsrate Deutschland von 1950 – 2008	13
Abbildung 6:	Fertilitätsrate Deutschland von 1980 – 1999	14
Abbildung 7:	Braucht eine Frau Kinder für ein erfülltes Leben?	15
Abbildung 8:	Wie würde eine (weitere) Geburt Ihre Möglichkeiten, das zu tun, was sie wollen, verändern?	16
Abbildung 9:	Wie würde ein (weiteres) Kind die Meinung anderer Leute über Sie verändern?	16
Abbildung 10:	Wie würde sich ein (weiteres) Kind auf ihre Lebensfreude und Zufriedenheit verändern?	17
Abbildung 11:	Verhältnis von Erwerbstätigen zu Rentnern	60
Abbildung 12:	Fertilitätsraten der skandinavischen Länder und Deutschland im Vergleich	19
Abbildung 13:	Fertilitätsrate Deutschland von 1871 – 2007	24

Abbildungsverzeichnis

Abbildung 14: Entwicklung der Frauenerwerbsquote 26

Abbildung 15: Mikro-Makro Modell 29

Abbildung 16: Familienformen 2006 45

Abbildung 17: Alter verheirateter Frauen bei Erstgeburt 45

Abbildung 18: Kinderwunsch 1992 und 2003 46

Abbildung 19: Kinderlose Frauen 2006 47

Tabellenverzeichnis

Tabelle 1: Fertilitätsraten in Europa von 1996 bis 2006 im Vergleich 61

1 Einleitung

„Die Entscheidung, Kinder haben zu wollen oder auf Kinder zu verzichten, ist in unserem freiheitlich verfassten Gemeinwesen eine persönliche, dem privaten Lebensbereich zugehörende Angelegenheit. [...] Gleichwohl führt kein Weg an der elementaren rationalen Erkenntnis vorbei, dass die mittel- und langfristige Zukunftsfähigkeit einer Gesellschaft nur mittels einer ausreichenden Zahl von Kindern gesichert werden kann."

Zitat aus dem Abschlußbericht 2006 der Enquetekommission „Demographischer Wandel – Herausforderung an die Landespolitik" des Landtags von Baden-Württemberg[1]

Die Elternschaft ist eines der zentralen Themen unserer heutigen Gesellschaft geworden, im Zusammenhang mit wachsenden Defiziten in den Versorgungskassen, mangelndem qualifizierten Nachwuchses für die Wirtschaft, dauerhaft geringer Fertilitätsraten und einer in der Folge alternden Gesellschaft. Kinder sind nicht nur die Verkörperung von Lebensfreude, Liebe, Emotionalität, Zukunft und Zuversicht, sie sind auch die Arbeitskräfte, Denker, Konsumenten und die Eltern von morgen.

Im Rahmen dieser Arbeit soll zunächst die Bedeutung von Elternschaft und Kindern für die Gesellschaft und das Individuum dargestellt werden, um anschließend die Einflüsse auf die Entscheidung zur Elternschaft und deren Folgen für die Individualbiographie anhand empirischer Daten zu erläutern. Der Übergang zur Elternschaft ist eines der, wenn nicht sogar der, wichtigste biographische Übergang im Lebenslauf.[2] Aber wie viel Steuerung, eigener Wille und bewusste Handlung steckt in diesem Übergang zur Elternschaft? Und ist der Übergang zur Elternschaft als Ergebnis eines rationalen Entscheidungs- und Handlungsprozesses des Menschen oder eher als eine zwangsläufige Folge von durch genetisch-biologische Triebe geleiteten Handlungen im anthropologischen Sinn anzusehen?

---

[1] http://www.landtag-bw.de/gremien/abschlussbericht-EDW-kurzfassung.pdf (06.07.2010); S. 16
[2] Vgl.: Burkart, Günter (1994): „Die Entscheidung zur Elternschaft"

Um diese Fragen beantworten zu können, werden die für die Entscheidung zur Elternschaft anwendbaren gängigsten Endscheidungstheorien mit Bezug auf die Entstehung von rationalem Handeln in gebotener Kürze vorgestellt und erste Verknüpfungen zur Elternschaft gezogen. Die Rationalität der Wahlhandlungen, die schließlich zum Übergang zur Elternschaft führt, ist bereits in der Entscheidung zur Elternschaft zu finden, da sie als Konsequenz die Wahlhandlungen zur Elternschaft auslöst. Die Gründe und Theorien der Entscheidung zur Elternschaft werden deshalb zum zentralen Bestandteil der Erklärung, um anhand dieser die Rationalität in der Entscheidung zur Elternschaft und damit den Übergang zur Elternschaft als Ergebnis rationaler Wahlhandlungen zu skizzieren. Im darauf folgenden Kapitel werden die Rationalitäten in den unterschiedlichen Phasen des Überganges zur Elternschaft auf die Handlungsmustern der Akteure[3] zurückgeführt und empirisch begründet. Die Rationalitätsproblematik steht bei allen Ausführungen, durch den permanenten Bezug zur Entscheidungssituation in dessen Konsequenz Elternschaft entsteht, im Vordergrund. Abschließend werden die Ergebnisse empirischer Untersuchungen und die theoretischen Überlegungen zu einer Schlussbetrachtung zu den Rationalitäten der Wahlhandlungen beim Übergang zur Elternschaft zusammengeführt und das persönliche Fazit gezogen.

---

[3] Hinweis zur maskulinen Form: hier und im nachstehenden Text sind sowohl männliche als auch weibliche Personen gemeint

2 Entscheidung zur Elternschaft

2.1 Elternschaft als biographisches Entscheidungsproblem

Die Biographien der Mitglieder moderner Gesellschaften unterscheiden sich deutlich von denen traditionaler Gesellschaften oder Entwicklungsländern. Mit dem fortschreitenden Individualismus und erhöhten Geschwindigkeiten in den Entwicklungen hin zum globalen Weltbürger haben die individuellen Lebensläufe und Erwerbstätigkeiten eine zunehmende Fragmentierung erfahren. Die Auswirkungen sind hauptsächlich negativ in Bezug auf die Dauer von Paarbeziehungen und die Anzahl von Familiengründungen. Eine dauerhafte Paarbeziehung und der Konsens beider Partner über den Wunsch und Zeitpunkt zur Elternschaft ist jedoch für viele eine Grundvoraussetzung zur Realisierung des Kinderwunsches. Eine noch wichtigere Voraussetzung ist die Einkommenssicherheit und ökonomische Unabhängigkeit von den Eltern. Wie zum Beispiel eine Erhebung des Bundesinstitutes für Bevölkerungsforschung unter den 20- bis 49jährigen zeigt.

Abbildung 1a: Gründe gegen (weitere) Kinder (Auszug aus Abbildung 1- im Anhang)

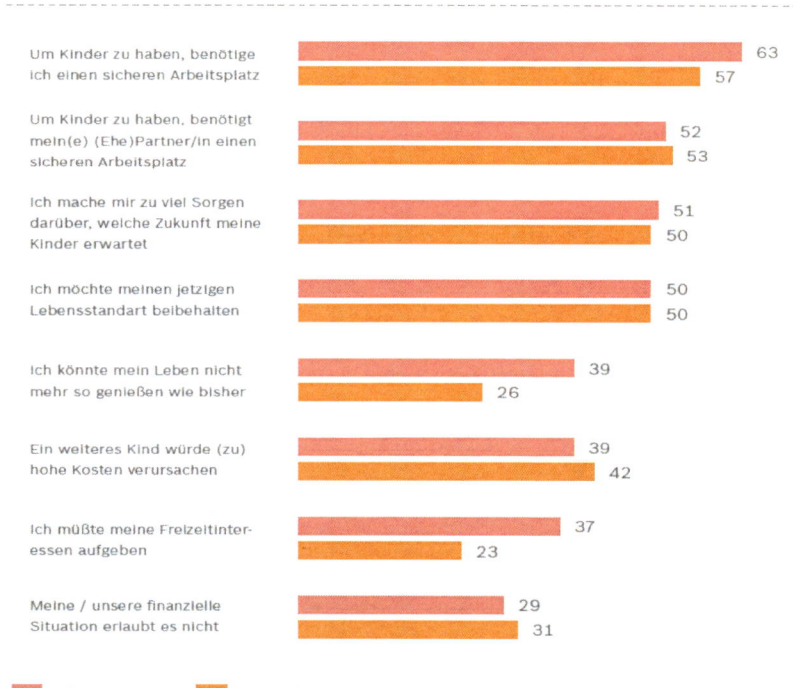

Quelle: www.bosch-stiftung.de/content/language1/downloads/kinderwunsch.pdf (06.07.2010)

Die Entscheidung zur Elternschaft führt also über die Sicherheit des regelmäßigen Einkommens aus einer festen Anstellung heraus. Die Ansprüche an die Arbeitnehmer werden in der heutigen Dienstleistungsgesellschaft immer komplexer und umfangreicher. Die eigene Arbeitskraft wird zunehmend ökonomisiert und befindet sich in einem permanenten Wettstreit mit anderen Akteuren. Flexibilisierung der Arbeitszeiten, ständige Mobilität, Leistungsbereitschaft und kontinuierliche Fortbildungen stehen in latentem Konflikt mit den individuellen Vorstellungen und Wünschen der Freizeitgestaltung und Familienplanung.[4]

Ausgehend vom Drei-Phasen-Modell der Lebensgestaltung[5] verlängert sich die erste Phase der Qualifikation und Ausbildung zunehmend durch längere Ausbildungs- und Studiumszeiten, Mehrfachausbildungen und später lebenslangem Lernen. Die sich anschließende zweite Phase, in der Kinder bekommen und aufgezogen werden, wird entsprechend der individuellen Präferenz zur ökonomischen Absicherung aufgeschoben. Wird der Kinderwunsch früher realisiert kommt es zum Konflikt zwischen Karriere und Beruf. Zudem ist bei der mit Unsicherheiten belasteten Lage am Arbeitsmarkt jederzeit mit einem möglichen Arbeitsplatzverlust oder beruflichen Neuorientierung zu rechnen. Gerade die ersten Jahre des Berufseinstieges dienen vielfach des Austestens und Ausprobierens unterschiedlichster Erwerbsformen und Tätigkeitsbereiche. Flexibilitäten in allen Bereichen des Lebens sind hier besonders gefragt und lässt ein eigenes Kind mit seinen Einschränkungen und Herausforderungen für die tägliche Lebensgestaltung kaum zu. Die Chancen für Frauen nach der Elternzeit einen attraktiven Arbeitsplatz zu erhalten sind sehr gering.[6]

Der Aufschub der zweiten Phase des Kinderbekommens und –aufziehens hat zur Folge, dass die Opportunitätskosten der Elternschaft beziehungsweise Kindererziehung mit steigender Qualifikation sich weiter erhöhen und die Realisierung des Kinderwunsches zunehmend „verteuern". Dazu zählen neben den temporären Einkommenseinbußen auch die hohen Hürden beim späteren beruflichen Widereinstieg in Phase drei. Ein längeres Nichtausüben der gelernten Tätigkeit kann in bestimmten beruflichen Tätigkeitsfeldern dazu führen, dass

---

[4] Vgl.: http://www.die-bonn.de/zeitschrift/12001/positionen3.htm (07.07.2010)
[5] Vgl.: Vaskovics, Laszlo A. / Lipinski, Heike (Hrsg.) (1997): "Familiale Lebenswelten und Bildungsarbeit: Interdisziplinäre Bestandsaufnahme 2"
[6] Vgl.: Vaskovics, Laszlo A. / Lipinski, Heike (Hrsg.) (1997): "Familiale Lebenswelten und Bildungsarbeit: Interdisziplinäre Bestandsaufnahme 2"

umfassende Neuqualifikationen oder eine längere Einführungsphase der Arbeitsaufnahme vorangestellt werden müssen, um im bereits erlernten Arbeitsfeld wieder „Fuß zu fassen". Dies ist wiederum mit einem eventuellen Positions- und Gehaltsverlust verbunden und macht den Verzicht auf Karriere zugunsten eines Kindes zunehmend unattraktiver. Die Förderung der eigenen ökonomischen Unabhängigkeit befindet sich in der biographischen Lebensplanung in direkter Konkurrenz zu der Familiengründung, da sich die Lebensphasen, wie gezeigt, überschneiden. Besonders stark betrifft es dabei die qualifizierten, erwerbsorientierten und emanzipierten Frauen der Gesellschaft, aufgrund der erhöhten Opportunitätskosten und die erwarteten Nachteile und Schwierigkeiten beim Widereinstieg nach dem Erziehungsurlaub.

Abbildung 2: Welche Folgen hätte eine (weitere) Geburt in den nächsten drei Jahren für Ihre Beschäftigungschancen?

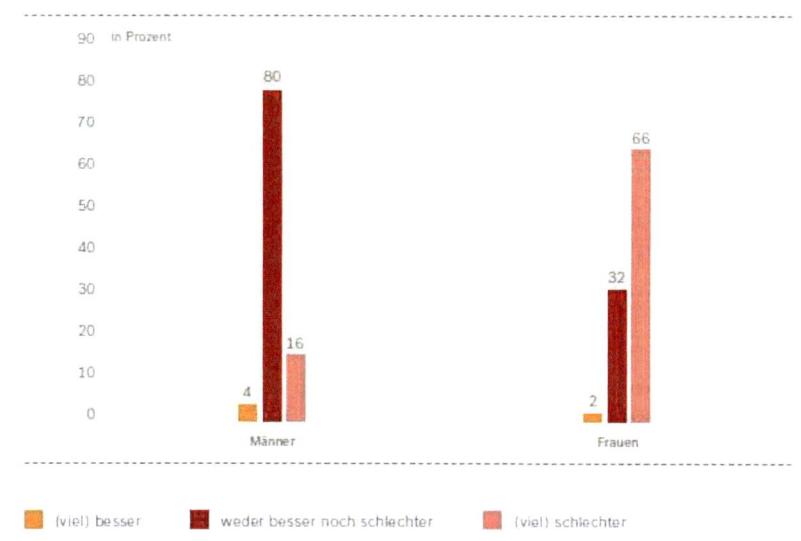

Quelle: www.bosch-stiftung.de/content/language1/downloads/kinderwunsch.pdf (06.07.2010)

Die Kosten und erwarteten Nachteile für Männer dagegen sind wesentlich geringer, da durch den kürzeren Erziehungszeitraum und die schnellere Wideraufnahme der beruflichen Tätigkeit bei einer Teilung des Elterngeldes zwischen den Erzeugern geringere Opportunitätskosten entstehen. Die Möglichkeit des geteilten Elterngeldes in Deutschland (seit 2007) wird jedoch nur sehr zögerlich von den Männern angenommen.[7] Der Anteil der Männer an den

---
[7] Vgl.: Gesterkamp, Thomas (2010): „Die neuen Väter zwischen Kind und Karriere"

bewilligten Anträgen zum Elterngeld beträgt nur circa elf Prozent (siehe Abbildung 3 im Anhang). Die Lage der Frauen hat sich durch diese Maßnahme der Bundesregierung demnach nur wenig verändert.[8] Problematisch ist die trotz gestiegener Frauenerwerbsquoten weiterhin vorherrschende Vorstellung der Ernährerrolle des Mannes für die Familie. „Eine Kombination aus gesellschaftlichen Normen, politischen Regularien und betrieblichen Hindernissen legt beide Geschlechter oft für Jahre auf die traditionelle Arbeitsteilung fest."[9] Die Frauen werden darin als Feuerwehr bei Notfällen gesehen, springen ein bei Krankheit und Verpflichtungen gegenüber den Kindern, halten dem Mann den Rücken frei um seine Erwerbsarbeit nicht zu gefährden. Dieses Bild der Arbeitsteilung der Familie löst sich nur zögerlich auf. Die Firmen entdecken die Notwendigkeit der Verbesserung der Vereinbarkeit von Arbeit und Familie zur langfristigen Bindung qualifizierter Mitarbeiter. Jedoch zunehmend durch den Mangel an qualifizierten Facharbeitern. Die Konkurrenz zwischen beruflicher Entwicklung, Freizeitgestaltung und Familiengründung bleibt allerdings vorerst für die Paare bestehen und wird, durch den permanenten Aufschub der Realisierung des Kinderwunsches, bis zur Menopause der Frau anhalten und kann zu einer Dauerbelastung für Beziehung und Psyche beider Partner werden.[10]

Die Entscheidung zur Elternschaft, und im Besonderen der Zeitpunkt des Überganges und der Umsetzung, werden nach den individuell aktuellen Präferenzen der persönlichen und beruflichen Entfaltung bestimmt, was zunehmend zu einem Aufschub der Elternschaft auf spätere Lebensphasen führt. Deutlich wird diese Tendenz an der Entwicklung des Durchschnittsalters von Frauen beim Übergang zur Elternschaft für Deutschland (Abbildung 4).

---

[8] Vgl.: http://www.elterngeld.net/elterngeldstatistik.html (8.7.2010)
[9] Gesterkamp, Thomas (2010): „Die neuen Väter zwischen Kind und Karriere"; S.53
[10] Vgl.: Burkart, Günter (1994): „Die Entscheidung zur Elternschaft"

Abbildung 4: Durchschnittsalter der Frauen bei der Erstgeburt

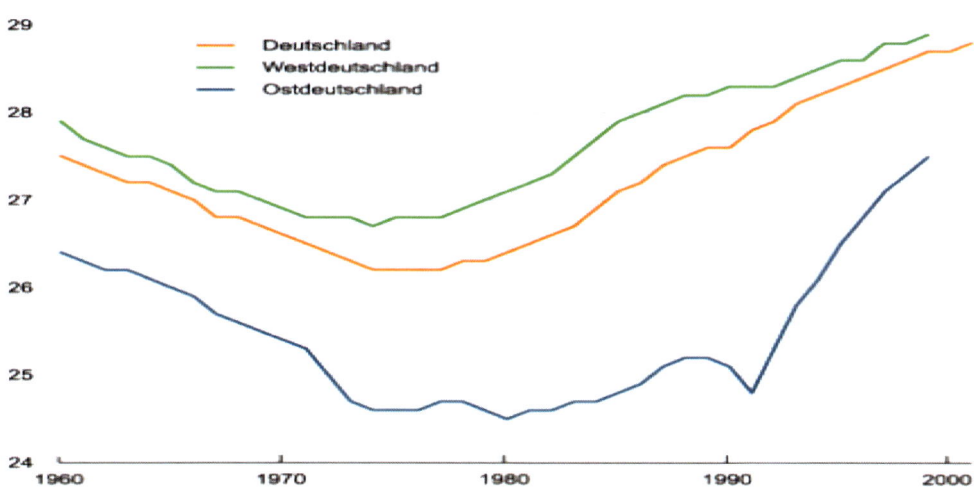

Quelle: www.zdwa.de/zdwa/artikel/diagramme/20060215_68445348_diagW3DnavidW2671.php (08.07.2010)

Die Entwicklungen der letzten fünfzig Jahre sind dabei relativ ähnlich verlaufen, wobei sich in Ostdeutschland das Alter bis zur Widervereinigung deutlich unter dem des westdeutschen Niveaus befand. Dies ist auf die familienpolitischen Programme und auf die Unterschiede im Umgang mit dem Arbeitskräftemangel seit den sechziger Jahren zurückzuführen. Während in Westdeutschland die Politik mit dem Anwerben ausländischer Arbeitskräfte agierte, wurden die Frauen in Ostdeutschland in den Arbeitsmarkt integriert und die Erwerbsquote von Frauen dauerhaft über neunzig Prozent gehalten. Eine schnelle Widereingliederung und gute Vereinbarkeit von Beruf und Familie durch eine gut ausgebaute Betreuungsstruktur war dabei zentraler Bestandteil der Bemühungen für eine dennoch hohe Fertilitätsrate.

„[...] - die geburtenfördernde Bevölkerungspolitik, die sowohl materielle Maßnahmen als auch die Information und Vermittlung von gesellschaftlichen Wertvorstellungen umfasst"[11], wirkte sich entsprechend auch auf das Alter der Frauen beim Übergang zur Elternschaft aus, welches circa zweieinhalb Jahre unter dem westdeutschen Niveau lag. Im vereinigten Deutschland nach 1990 und dem sukzessiven Wegfall des Betreuungssystems aus Kindertagesstätten, Hortangeboten und Jugendorganisationen stieg das Alter der Frauen bei der Erstgeburt in

---

[11] Speigner, Wulfram (1987): „Kind und Gesellschaft"; S. 59

Ostdeutschland rasant an und befindet sich 2010 nur noch gering unter dem gesamtdeutschen Durchschnitt von ca. dreißig Jahren.[12]

Entscheidet sich die Frau für ein Kind, während der Phase der beruflichen Qualifikation, so hat diese Entscheidung einen prägenden Einfluss auf ihre Gesamtbiographie und auf zukünftige Entwicklungen und Chancen der Teilhabe in allen Bereichen des Lebens. Die Realisierung anderer individueller Lebensziele wird dann zurückgestellt und die Erziehung des Kindes wird prägend für den mittelfristigen weiteren Lebenslauf. Die Entscheidung junger Paare für oder gegen ein Kind, ist für ihre weitere individuelle und partnerschaftliche Entwicklung von erheblicher Bedeutung.[13]

Auch die Bestrebungen nach einer besseren Vereinbarkeit von Beruf und Familie können dies nur bedingt verändern und beeinflussen. Die Geburt eines Kindes ist unmittelbar verbunden mit langfristiger Verantwortung und Einschränkungen der individuell biographischen Lebensgestaltung. In besonderen Fällen führt die Elternschaft auch zu einer ungewollten Neuorientierung bei den Müttern und Vätern. Eine Geburt eines besonders pflegebedürftigen Kindes, wie durch eine körperliche oder geistige Behinderung, würde die bisherige Lebensplanung verändern und zu einer kompletten Neustrukturierung führen. Für die Biographie ist Elternschaft ein Entscheidungsproblem mit einer Vielzahl von Unbekannten und Risiken, bei gleichzeitigem potenziellem starkem Einfluss auf die nachfolgende Lebensführung. Die Entscheidung zur Familiengründung ist einer der markantesten und biographisch bedeutsamsten Übergänge im Lebenslauf.[14]

2.2 Bedeutung von Kindern für die Gesamtgesellschaft

Die Entscheidung zum Kind ist eine Entscheidung auf der Individualebene mit einer enormen Tragweite auf der Makro- und Mesoebene. Die Auswirkungen dieser Entscheidung spiegeln sich in der Zusammensetzung und Struktur der Bevölkerung und in der Wirtschaftskraft eines Wirtschaftsraumes wieder. Der Saldo bei den Geburten muss durch Zuwanderung, dem wissenschaftlich-technischen Fortschritt oder durch politische Maßnahmen, wie Verlängerung der

---

[12] Vgl.: http://www.bpb.de (07.07.2010)
[13] Vgl.: Burkart, Günter (1994): „Die Entscheidung zur Elternschaft"
[14] Vgl.: Burkart, Günter (1994): „Die Entscheidung zur Elternschaft"

Arbeitszeit oder Verschiebung des Renteneintrittsalters, ausgeglichen werden. Exemplarisch sei auf die Anwerbung türkischer Gastarbeiter für die Bundesrepublik Deutschland in den sechziger Jahren verwiesen. Diese sollte den Mangel an gering qualifizierten Arbeitern, resultierend aus den Geburtenausfällen und Verlusten in der männlichen Bevölkerung im zweiten Weltkrieg, beheben. Eine Maßnahme die bis heute in der Sozialstruktur Deutschlands nachwirkt. Gleichzeitig wurden politische Programme zur Erhöhung der Kinderzahlen initiiert, deren Erfolg lediglich im kurzzeitigen Aussetzen des Negativtrends der Fertilitätsrate zur Folge hatte.

Abbildung 5:   Fertilitätsrate Deutschland von 1950 - 2008

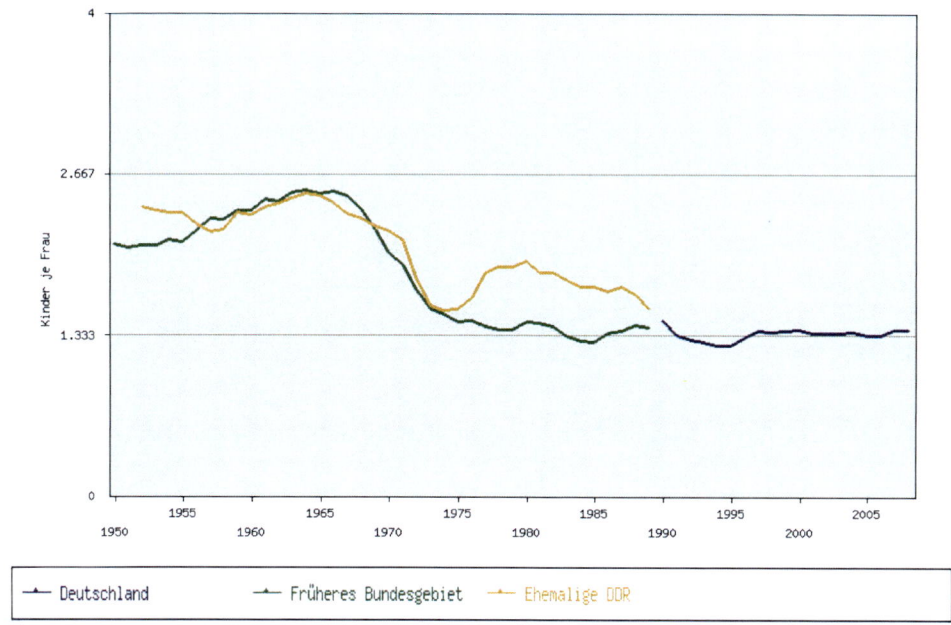

Quelle: www.zdwa.de/cgi-bin/demodata/index.plx (08.07.2010)

Die gesetzten ökonomischen Anreize des Staates hatten daran jedoch wohl nur wenig Anteil. Das „Wirtschaftswunder" in der BRD sorgte bei den Bürgern für eine Zukunftssicherheit, positive Zukunftserwartungen und eine gestiegene Erwartbarkeit in stabile Rahmenbedingungen. Diese psychologischen Effekte führten dann zu früheren Erstlingsgeburten, einem Nachholen aufgeschobener Kinderwünsche und zu Mehrfachgeburten in der Folgezeit. Es ist zu Vermuten, dass die Fertilität auch ohne die staatlichen Anreize gestiegen beziehungsweise stabil geblieben wäre, aufgrund der leicht verbesserten Rahmenbedingungen dieser Zeit des wirtschaftlichen Aufschwungs. Dass Maßnahmen der Politik nur bedingten Einfluss auf die Entscheidung zur Elternschaft nehmen, zeigt zum einen der schnelle Rückgang der Fertilitätsrate in den Zeiten von konjunkturellen Krisen in den siebziger und achtziger Jahren und der Geburteneinbruch, besonders in Ostdeutschland während der politischen Instabilität zur Zeit der Wiedervereinigung.

Abbildung 6: Fertilitätsrate Deutschland von 1980 - 1999

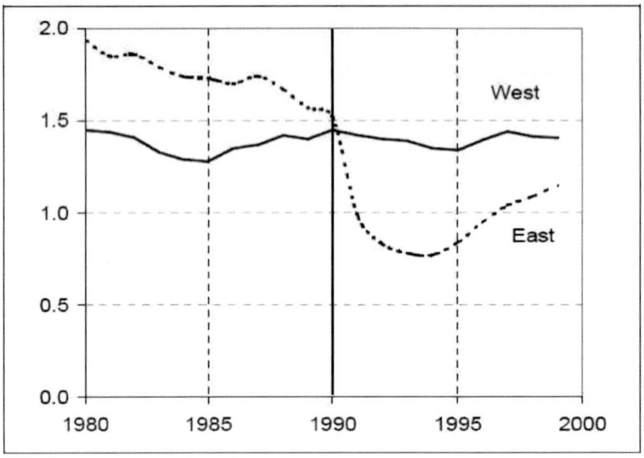

Quelle: www.demoblography.blogspot.com/2007/06/tfrs-in-east-and-west-germany-1980-1999.html (09.07.2010)

Die Fortschreibung des Trends bis heute und die Reaktionen der Fertilitätsrate auf Wirtschaftskrisen und politische Instabilität spricht andererseits für die Tatsache, dass die Entscheidung für Kinder auf der Individualebene getroffen wird. Die Rahmenbedingungen für die Elternschaft sind deshalb weniger ökonomischer Natur, sondern vielmehr ein Ergebnis individueller Einstellungen, psychologischer Befindlichkeiten wie Sicherheits- und Zukunftsempfinden, persönliche Zufriedenheit oder einer bestehenden Partnerschaft, soziale Normen oder die aktuelle Lebenslaufphase.[15] Die staatlichen Rahmenbedingungen nehmen über diese Individualbefindlichkeiten einen indirekten Einfluss auf die Entscheidung zur Elternschaft, bilden aber nicht den Auslöser oder die Initialisierung zur Elternschaft. Die ökonomischen Anreize, wie Kindergeld oder Steuervergünstigungen, decken einerseits nicht die Gesamtkosten eines Kindes ab und andererseits haben die gesellschaftlichen Normen und Wertvorstellungen einen wesentlich dauerhafteren und direkteren Einfluss auf die Individuen.

---

[15] Vgl.: Burkart, Günter (1992): „Liebe, Ehe, Elternschaft: Die Zukunft der Familie"

Anhand der Reaktionen der unmittelbaren Umgebung werden sie mit diesen Einstellungen als Eltern täglich konfrontiert. Die individuellen Erwartungen an eine Elternschaft sowie die Einschätzungen bezüglich der Reaktionen gegenüber Kindern und Familien spiegeln eine zunehmende neutrale Haltung und Einstellung der Gesellschaft wieder. Wie zum Beispiel eine Erhebung des Bundesinstitutes für Bevölkerungsforschung unter den 20- bis 49jährigen ergab.

Abbildung 1b: Gründe gegen (weitere) Kinder (Auszug aus Abbildung 1- im Anhang)

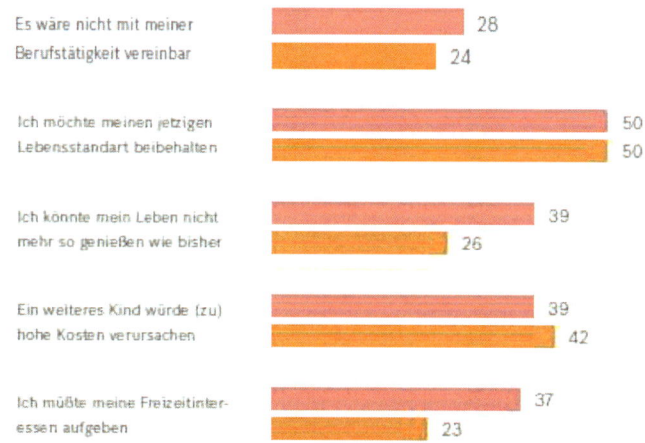

Quelle: www.bosch-stiftung.de/content/language1/downloads/kinderwunsch.pdf (06.07.2010)

Abbildung 7:   Braucht eine Frau Kinder für ein erfülltes Leben?

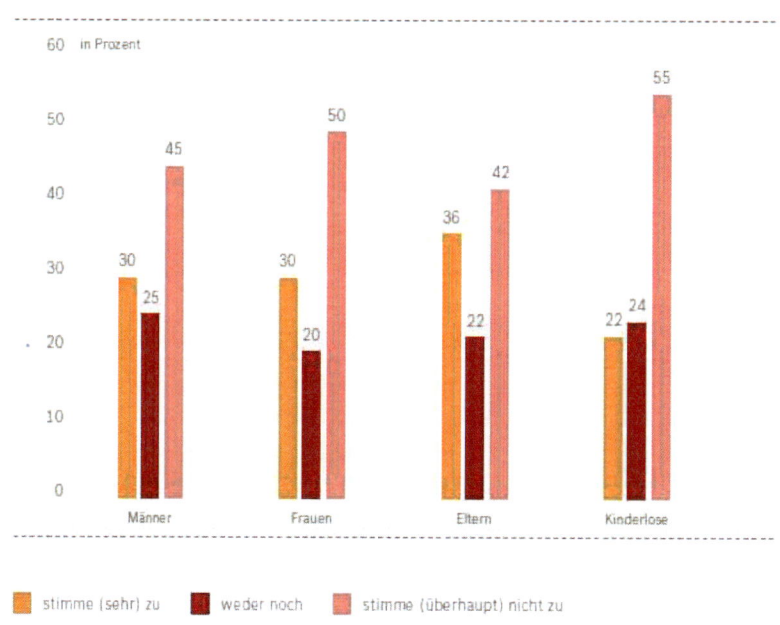

Quelle: www.bosch-stiftung.de/content/language1/downloads/kinderwunsch.pdf (06.07.2010)

Entscheidung zur Elternschaft 16

Abbildung 8: Wie würde eine (weitere) Geburt Ihre Möglichkeiten, das zu tun, was sie wollen, verändern?

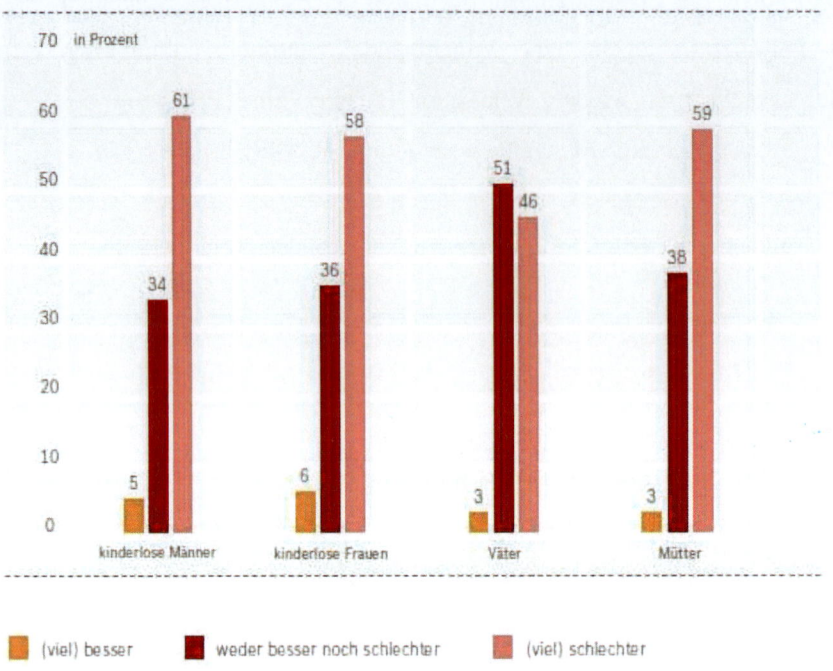

Quelle: www.bosch-stiftung.de/content/language1/downloads/kinderwunsch.pdf (06.07.2010)

Abbildung 9: Wie würde ein (weiteres) Kind die Meinung anderer Leute über Sie verändern?

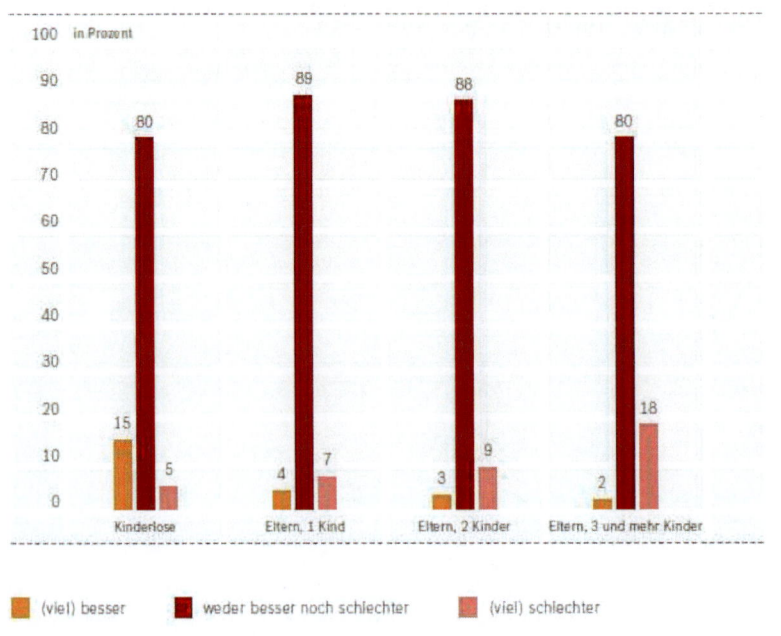

Quelle: www.bosch-stiftung.de/content/language1/downloads/kinderwunsch.pdf (06.07.2010)

Abbildung 10: Wie würde sich ein (weiteres) Kind auf ihre Lebensfreude und Zufriedenheit verändern?

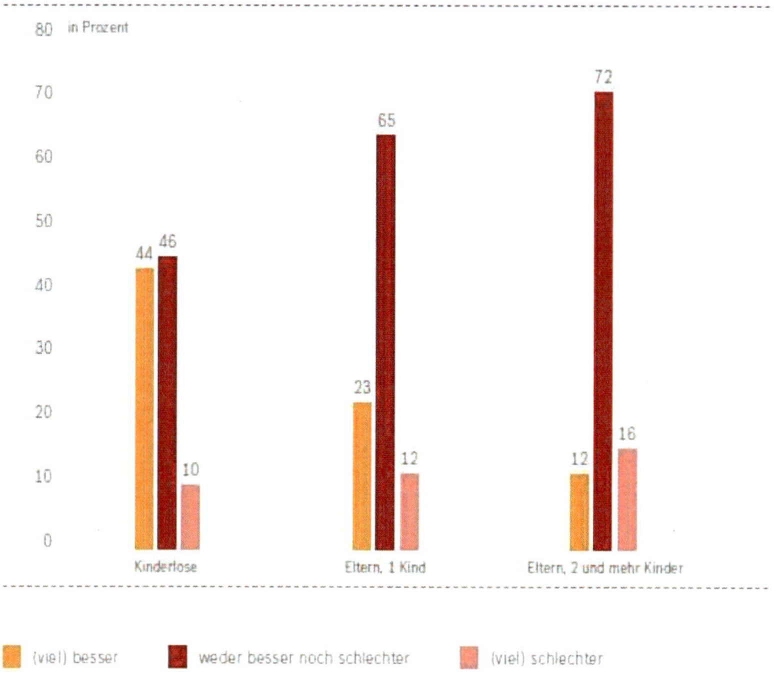

Quelle: www.bosch-stiftung.de/content/language1/downloads/kinderwunsch.pdf (06.07.2010)

Die Elternschaft ist nicht mehr fester Bestandteil der Lebensentwürfe junger Erwachsener und umgekehrt hat die Akzeptanz von kinderlosen Paaren und Frauen deutlich zugenommen. Dies hat dazu beigetragen, dass die normierende Wirkung der traditionellen weiblichen Normalbiographie abnimmt und zu einer Pluralisierung der Lebensentwürfe führt.[16] Den Entscheidungskonflikt zwischen Familiengründung und beruflicher Karriere lösen Frauen immer öfter mit dem Aufschub der Elternschaft und zugunsten attraktiverer Handlungsalternativen.

In Deutschland ist im Zusammenhang mit der Zukunft des Sozialstaates der „Generationenvertrag" eine konstante Erscheinung in der öffentlichen Diskussion.[17] Der Wohlfahrtsstaat, mit den sozialpolitischen Errungenschaften aus den Zeiten des wirtschaftlichen Booms, ist gefährdet. Das bestehende Sozialstaatsmodell basiert in seiner Finanzierung der Rentenversicherungssysteme und staatlichen Kranken- und Versorgungskassen auf einem Ausgleich zwischen den Generationen. Das heißt, die jungen Arbeitskräfte und aktuellen

---

[16] Vgl.: Schröder, Torsten (2007): „Geplante Kinderlosigkeit? Ein lebenslauftheoretisches Entscheidungsmodell"
[17] Vgl.: Stehr, Nico et al (2005): „Demographie: Bewegungen einer Gesellschaft im Ruhestand"

Beitragszahler finanzieren mit ihren heutigen Beiträgen nicht ihre eigene spätere Rentenzahlung, sondern die aktuelle Rente der älteren Generationen. Demnach ein System, dass nicht durch das Prinzip des Ansparens funktioniert, sondern durch die Beiträge der nachrückenden Beitragszahler am Leben gehalten wird. Die neue Generation versorgt die alte Generation und ist ihrerseits angewiesen auf die nachkommenden Generationen, eine Art „Schneeballsystem". Bei geringen Fertilitätsraten und zukünftig ausbleibendem Nachwuchs, das heißt, Beitragsausfälle durch fehlende Beitragszahler, wird das Gleichgewicht dieser Konstruktion durch eine Veränderung der Bevölkerungsstruktur empfindlich gestört und dieses System droht zu kollabieren. In Deutschland hat sich in den letzten Jahren die Anzahl der Rentenbezieher und Empfänger von Sozialleistungen im Verhältnis zu den Leistungserbringern stark erhöht (siehe **Abbildung 11** im Anhang). Diese Entwicklung wird mit dem Begriff der alternden Gesellschaft und dem Modell des Demographischen Übergangs beschrieben.[18] Fertilität und Mortalität auf niedrigem Niveau haben nicht nur ein Sinken der Bevölkerungszahl, sondern auch eine Überalterung der Bevölkerung zur Folge. Eine Entwicklung, die sich in fast allen fortschrittlichen Industrienationen vollzogen hat beziehungsweise vollzieht. Das Problem niedriger Geburtenraten unter Bestandserhaltungsniveau ist nicht allein ein deutsches Problem (siehe **Tabelle 1** im Anhang). In Deutschland sind Kinderlosigkeit und geringe Geburtenzahlen - durch die bisher versäumte Anpassung von Strukturen der Sozialversicherungssysteme und eine mangelnde Familienpolitik - eine immer dringlichere Angelegenheit. Als Schlüsselfaktor für höhere Fertilitätsraten sind Veränderungen, hin zu einer besseren Vereinbarkeit von Beruf und Familie, von anderen europäischen Ländern bereits wesentlich früher vollzogen worden und haben mit dieser Entwicklung einen Richtungswechsel zu steigenden Fertilitätsraten in den letzten Jahren geschafft. Auch wenn im europäischen Wirtschaftsraum aktuell noch kein Staat wieder eine Geburtenrate auf Reproduktionsniveau erreicht hat, so gelten die skandinavischen und französischen familienpolitischen Maßnahmen dennoch als adaptierbare Erfolgsmodelle.

---

[18] Vgl.: Möckli, Silvano (1999): „Die demographische Herausforderung"

Abbildung 12: Fertilitätsraten der skandinavischen Länder und Deutschland im Vergleich

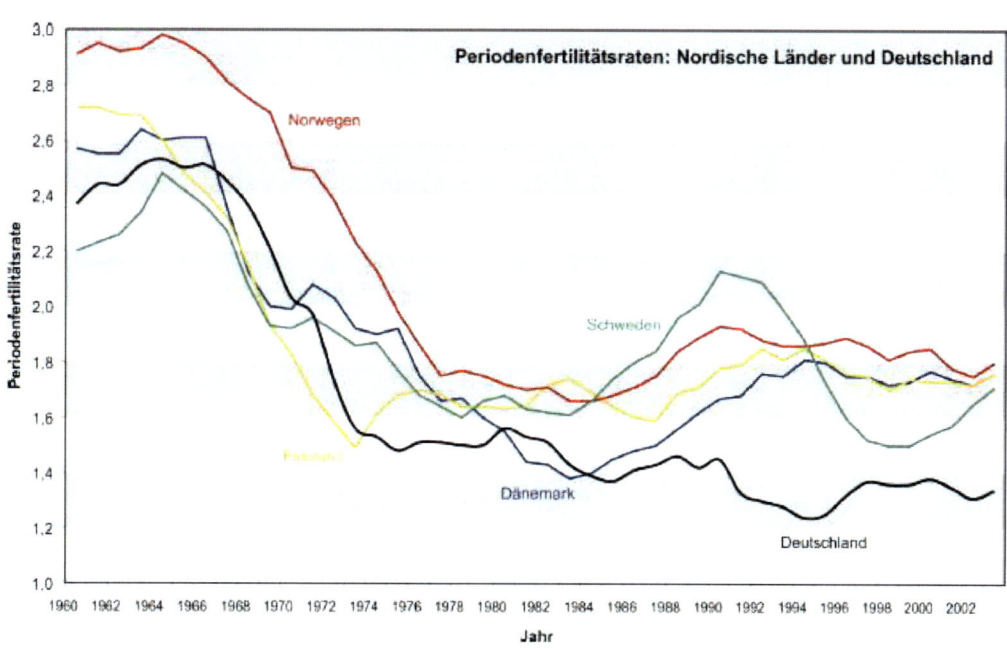

Quelle:www.mpg.de/bilderBerichteDokumente/dokumentation/jahrbuch/2006/demografische_fors
chung/forschungsSchwerpunkt/pdf.pdf (11.07.2010)

Der Kampf zwischen den Nationen um die jungen, gut ausgebildeten Arbeits- und Führungskräfte von Morgen ist zwischen den Industrienationen bereits in vollem Gange.[19]

Die Entscheidung zur Elternschaft hat nicht nur in den fortschrittlichen Nationen der Welt einen entscheidenden Einfluss für die Gesamtgesellschaft, sondern auch für die Entwicklungsländer sind Kinder ein entscheidender Wirtschaftsfaktor. Kinder gelten in diesen Ländern als Wohlstands- und Statussymbole. Sie sind die Altersversorgung, Leistungserbringer und Familienernährer. Diese Bedeutung ist traditionalisiert und normativ verankert in den Genen des Menschen. Elternschaft wird erst durch die Individualisierungs- und Transformationsprozesse bei der Entwicklung moderner Gesellschaftssysteme von der direkten Notwendigkeit zur Bestandssicherung und Familienversorgung gelöst. In den Industrienationen haben die staatlichen und privaten Versorgungsinstitutionen in ihrer Funktion die ursprünglichen Aufgaben der direkten Nachkommen ersetzt beziehungsweise sind mehr und mehr an deren Stelle getreten. Kinder zu haben war eine Notwendigkeit

---

[19] Vgl.: Nauck, Bernhard (2007): „Der individuelle und kollektive Nutzen von Kindern"

zur Versorgung im Jetzt und mehr noch im Alter. Institutionen zur Absicherung nach der Zeit der Leistungserbringung entstehen erst mit einsetzender Industrialisierung und wirtschaftlichem Fortschritt. Der Arbeiter ernährte die Familie nicht mehr durch die Tätigkeit auf dem eigenen Hof und Land, sondern erbrachte seine Leistung durch die Lohnarbeit in den Fabriken. Diese zahlten im Gegenzug nicht nur ein Gehalt, sondern errichteten zusammen mit der Politik die sozialen Sicherungssysteme. Rentenkassen und Sozialversicherungen wurden fester Bestandteil der modernen Industrienation. Wo staatliche Systeme fehlten, traten private Institutionen an deren Stelle, wie beispielsweise die Pensionskassen in den USA. Die Entkopplung von den biologischen Aufgaben der Kinder beginnt bereits im 18. Jahrhundert mit der einsetzenden Industrialisierung in Europa und Amerika und setzt sich bis heute fort.[20] Mit der zunehmenden Herauslösung der Kinder aus dem Familienverbund und Entbindung von der direkten Versorgungsaufgabe der vorherigen Generationen im Haushaltsverbund und die Übernahme dieser Aufgaben durch die sozialen Sicherungssysteme, wird die Entscheidung zur Elternschaft nicht mehr zu einer existenziellen Entscheidung, sondern zu einer Option in der individuellen Lebenslaufbiographie einer Frau beziehungsweise eines Paares.[21]

Die Brisanz für die Gesamtgesellschaft dieser Entscheidung auf individueller Ebene entsteht aus der Konstruktion der sozialen Sicherungssysteme und der Abhängigkeit dieser von nachrückenden Leistungserbringern. Die Umverteilung der ökonomischen Werte von Generation zu Generation ist in die Hand des Staates übergegangen und hat den Kreis der Familie verlassen. Gleichzeitig funktioniert das Gewinnstreben und die Maximierung des Ertrages, der Produktionssteigerung, Fortschritt und Entwicklung des Marktes und der Wirtschaft in den Industrieländern nur mit einem kontinuierlichen Nachschub junger, gut ausgebildeter Arbeitskräfte.

Die Enquetekommission des Landtags von Baden-Württemberg hat in einem Abschlussbericht zur Thematik des Demographischen Wandels aus ministerieller Perspektive zur Kinderlosigkeit in Deutschland festgehalten:

---

[20] Vgl.: Burkart, Günter (1992): „Liebe, Ehe, Elternschaft: Die Zukunft der Familie"
[21] Vgl.: Burkart, Günter (1994): „Die Entscheidung zur Elternschaft"

„Die Entscheidung Kinder haben zu wollen oder auf Kinder zu verzichten, ist in unserem freiheitlich verfassten Gemeinwesen eine persönliche, dem privaten Bereich zugehörige Angelegenheit. Gleichwohl führt kein Weg daran vorbei, dass die mittel- und langfristige Zukunftsfähigkeit einer Gesellschaft nur mittels einer ausreichenden Zahl von Kindern gesichert werden kann. Vor diesem Hintergrund ist es eine staatliche Aufgabe, die Rahmenbedingungen für die Realisierung der Kinderwünsche möglichst vorteilhaft zu gestalten."[22]

Der kollektive Nutzen von Kindern ist jedoch nicht nur auf die ökonomische Leistungserbringung zu begrenzen. Kinder haben unschätzbare und ökonomisch nicht bezifferbare Effekte für das Selbstbefinden der Gesellschaft und seiner Mitglieder. Die Kinder werden antizipiert mit Zukunft, Perspektive, Zuneigung, Liebe und Emotionen. Sie gelten allgemein als Spiegelbild einer Gesellschaft und Blick in die Zukunft. Elternschaft ist für viele Menschen die Erfüllung des Lebens und Lebensinhalt zu gleich. Die emotionale Seite der Elternschaft ist letztlich auch die Triebfeder zur Entscheidung zum Kind, ein biologischer Urtrieb zur Arterhaltung und Fortpflanzung, den es auch aus der soziologischen Perspektive entsprechend zu würdigen gilt.[23]

2.3 Wert- und Nutzenerwartungen an die Elternschaft

Die individuelle Bedeutung der Elternschaft für die Eltern ist eng verknüpft mit der Wert- und Nutzenerwartung an das Leben mit Kindern. Die Erwartungen spiegeln sich in den Hoffnungen an die Elternschaft und in den Gründen für die Elternschaft wieder und lassen sich in grundsätzlich drei Dimensionen unterteilen.

Der *ökonomisch-utilitaristische Nutzen* beinhaltet die Erwartung durch Kinder einen ökonomischen Mehrwert erzielen zu können. Dieser Nutzen ist vor allem in den Entwicklungsländern der Hauptgrund, Kinder in die Welt zu setzen

---
[22] Hug-von Leven, Christiane (2007): „Kinderlosigkeit in Deutschland"; S. 54
[23] Vgl.: Neumann, Hans-Georg (1998): „Demographie und Familienplanung"

und großzuziehen. Kinder werden hier als Arbeitskraft und Produktionsmittel frühzeitig ausgebeutet. Durch Kinderarbeit wird der Produktionsfaktor Arbeit überall dort sehr kostengünstig, wo die Arbeit sehr personalintensiv oder industriell wenig entwickelt ist. Besonders in Asien, Afrika und Südamerika, aber auch in Portugal oder Italien werden Kinder im Bergbau, der Teppich- und Textilproduktion, zum Drogenhandel, in der Sexindustrie, als Haushaltshilfen und in der Landwirtschaft bereits ab einem Alter von sechs Jahren eingesetzt. Die Arbeitskraft der Kinder wird damit bereits frühzeitig ökonomisiert und sie tragen durch ihre Lohnarbeit oder unbezahlte Arbeit für die Familie, aktiv zum Haushaltseinkommen bei. Die Folgen für die Kinder sind vielfältig und reichen von einer geringen Lebenserwartung durch gesundheitliche und psychische Schädigungen und Verletzungen, eine verzögerte Entwicklung, über eine sehr geringe oder keine Bildungspartizipation bis hin zur völligen Selbstaufgabe nach dem Verkauf als Sklave oder Leibeigener durch die Eltern.[24] In abgeschwächter Form gilt die Ökonomisierung auch für die besonders im Orient und Mittelmeerraum weit verbreitete Tradition der Mitgift durch die Familie der Braut. Das Fehlen sozialer Sicherungssysteme und die hohen Kosten für eine Schulbildung der Kinder, sowie verbreiteter Analphabetismus unter den Eltern sorgen dafür, dass die Kinder auf ihre Funktion als Arbeitskraft und Leistungserbringer reduziert werden. Ihr ökonomischer Beitrag zum Familieneinkommen und als Absicherung gegen die Risiken des Lebens, wie Arbeitslosigkeit, Altersschwäche, Katastrophen und Krankheit, werden auch als Einkommensnutzen und Versicherungsnutzen[25] bezeichnet. Diese bilden zusammen mit der dritten Dimension die Hauptgründe für Elternschaft in den heutigen Entwicklungsländern.[26]

Die zweite Dimension ist der erwartete *psychische Nutzen* durch Kinder. Die Effekte sind hierbei weniger messbar, sondern immaterieller und ideeller Natur. Der Mehrwert der Elternschaft drückt sich durch die Stärkung der innerfamilialen Beziehungen und eine höhere Qualität der Ehegattenbeziehung sowie zu Eltern

---

[24] Vgl.: http://www.wsws.org/de/2000/jan2000/kind-j13.shtml (06.07.2010)
[25] Vgl.: Nauck, Bernhard (2007): „Der individuelle und kollektive Nutzen von Kindern"
[26] Vgl.: Burkart, Günter (1994): „Die Entscheidung zur Elternschaft"

und Schwiegereltern[27], die Vergrößerung des Selbst, die Stimulation und Suche nach neuen Erfahrungen, nach Kreativität und Kompetenz durch Kinder aus.

Die dritte Dimension des *sozial-normativen Nutzens* fasst die Faktoren der Formen sozialer Anerkennung durch die Gesellschaft zusammen. Hierbei wird die gesteigerte Kompetenz in der Elternrolle, der soziale Statusgewinn, die soziale Identitätssteigerung und die Erfüllung von Normen- und Moralvorstellungen sowie die Weiterführung des Familiennamens betrachtet.[28] Weiterhin können durch Kinder Kontakte zu anderen Eltern und durch die Gemeinsamkeit der Elternrolle Vergemeinschaftungsprozesse entstehen, die zu einer stärkeren sozialen Integration führen.[29]

Im Bezug auf die Entscheidung zur Elternschaft und den Einfluss der einzelnen Determinanten gibt es starke interkulturelle Differenzen der Nutzenerwartungen zwischen den Entwicklungsländern und entwickelten Industriestaaten. Die höchsten Fertilitätsraten haben die Länder mit dem höchsten ökonomischen Nutzen von Kindern.[30] Im historischen Verlauf ist ein Wandel vom ökonomischen zum psychischen Nutzen festzustellen, wobei der stärkste Einflussfaktor für die Abnahme des ökonomischen und die Zunahme des psychischen Nutzens das Bildungsniveau der Frau ist. Daraus kann auch eine Begründung für den stärkeren Einfluss des psychischen und sozial-normativen Nutzens in den industrialisierten Staaten auf die Entscheidung zur Elternschaft abgeleitet werden. Die Frauen partizipieren in modernen Gesellschaften stärker an Bildung und gesellschaftlicher Teilhabe, sind in ihrer sozialen Rolle individualisierter, emanzipierter und freier in der Interpretation. Der Rollenwandel der traditionellen Hausfrau und Mutter hat mit der gesellschaftlichen Modernisierung eine männliche Prägung erfahren und sich negativ auf die Kinderzahl ausgewirkt.[31]

---

[27] Vgl.: Nauck, Bernhard (2007): „Der individuelle und kollektive Nutzen von Kindern"
[28] Vgl.: Borchardt, Anke und Stöbel-Richter, Yve (2004): „Die Genese des Kinderwunsches bei Paaren – eine qualitative Studie"
[29] Vgl.: Nauck, Bernhard (2007): „Der individuelle und kollektive Nutzen von Kindern
[30] Vgl.: Burkart, Günter (1994): „Die Entscheidung zur Elternschaft"
[31] Vgl.: Klaus, Daniela (2008): „Sozialer Wandel und Geburtenrückgang in der Türkei"

2.4 Determinanten für den Aufschub von Elternschaft

Wenn über die niedrigen Fertilitätsraten in den Industriestaaten und ihre Ursachen geschrieben und gesprochen wird, dann wird zum einen die Emanzipation und Rolle der Frau im Wandel der Zeit angeführt und zum anderen die veränderten Rahmenbedingungen in einer Wohlstandsgesellschaft für die Familiengründung. Mit dem industriellen Fortschritt in den modernen Gesellschaften ist das Alter der Frauen bei Erstgeburt deutlich gestiegen (siehe **Abbildung 4**, S. 12) und in der Folge die effektiv genutzte reproduktive Phase verkürzt, was zusätzlich zu weniger Geburten geführt hat. Die Fertilitätsrate Deutschlands, seit dem Beginn der Industrialisierung im 19. Jahrhundert, ist exemplarisch für den Verlauf der Fertilitätsraten aller Industriestaaten in der Entwicklung zu einer modernen Gesellschaft. Das Bestanderhaltungsniveau hat sich dabei durch die Erhöhung der Lebenserwartung, bedingt durch die verbesserten Lebensbedingungen und den medizinischen Fortschritt, stetig verringert und liegt seit 1950 bei konstant 2,1.

Abbildung 13: Fertilitätsrate Deutschland von 1871 - 2007

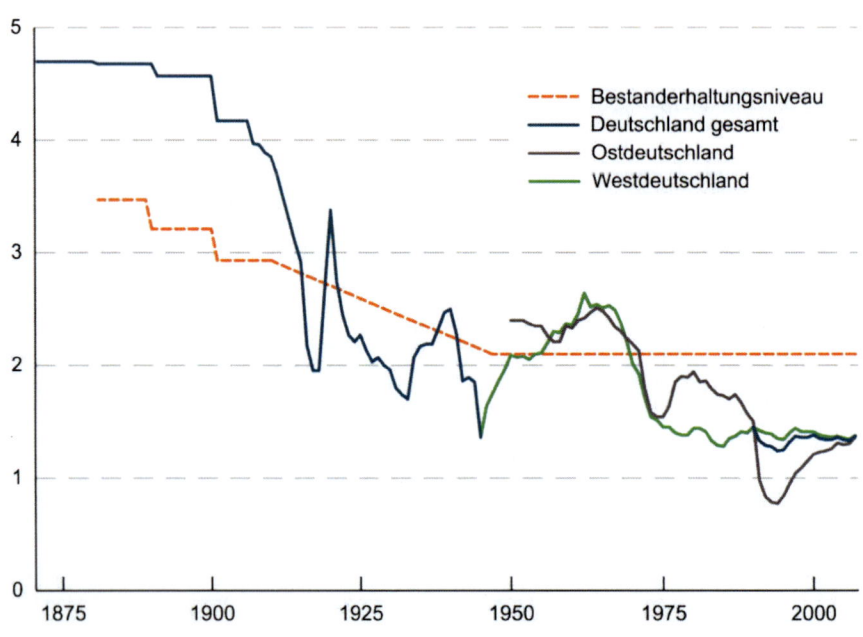

Quelle: www.zdwa.de (11.07.2010)

Die Frauen in heutigen modernen Gesellschaften befinden sich in einem Dilemma. Als Folge von Gleichberechtigung, Emanzipation und Überwindung der traditionalen Ungleichheiten zwischen Mann und Frau in der Partizipation von Berufsleben und Bildung, haben sie die traditionellen Rollenzuschreibungen und damit geknüpften Erwartungen einerseits hinter sich gelassen. Andererseits müssen die neu hinzugewonnenen Freiheiten, Chancen und Gestaltungsmöglichkeiten in der eigenen Biographie wieder mit den ihr zugeschriebenen biologischen Aufgaben, wie der Sicherung des Fortbestands der Art durch Zeugung und Aufzucht der Nachkommen, vereinen. Die Frau befindet sich - einfacher ausgedrückt - im inneren Wettkampf zwischen der Ausnutzung der Chancen beziehungsweise Optionen[32] der Moderne und den zugedachten Aufgaben der biologisch, traditionellen Rollenzuschreibung.[33] Das Ergebnis dieses biographischen Entscheidungsproblems ist der immer längere Aufschub der Elternschaft im individuellen Lebenslauf, zu Gunsten der Chancenwahrung und Wahrnehmung der zusätzlichen Optionen, geschaffen durch die Gleichstellung der Geschlechter in den industrialisierten Gesellschaften. Der erhöhte Bedarf an gebildeten und hoch qualifizierten Arbeitskräften in industriellen Staaten hat die erste Lebensphase der Ausbildung und Qualifikation deutlich verlängert. Die Verlängerung hat sich durch die Partizipation der Frauen in allen gesellschaftlichen und ökonomischen Bereichen und die erhöhten weiblichen Erwerbsquoten insgesamt, noch stärker ausgewirkt, als bei der männlichen Bevölkerung.

---

[32] Vgl.: Gross, Peter (1994): „Die Multioptionsgesellschaft"
[33] Vgl.: Hug-von Lieven, Christiane (2007): „Kinderlosigkeit in Deutschland"

Abbildung 14: Entwicklung der Frauenerwerbsquote

Erwerbs-beteili-gung	1882	1895	1907	1925	1933	1939	1950	1961	1970	1980
Frauen	(37.5)[b]	(37.4)[b]	(45.9)[b]	48.9	48.0	49.8	44.4	48.9	49.6	52.9
Männer	95.5	95.0	95.2	95.3	93.9	95.6	93.5	93.5	91.1	86.4

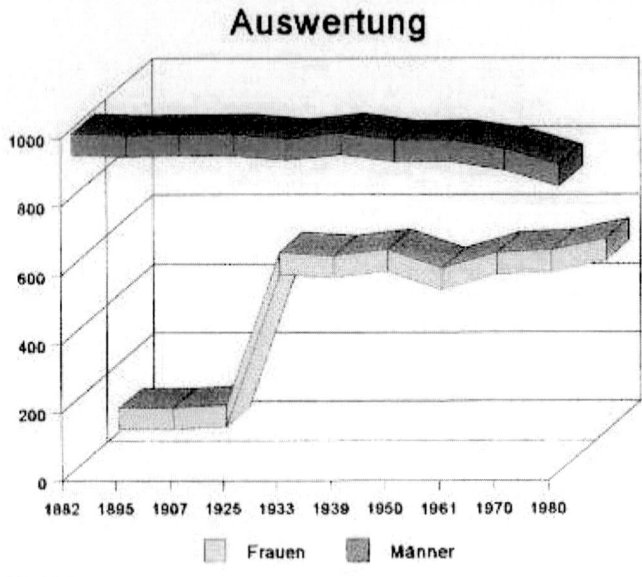

Quelle: www.1.tu-darmstadt.de/hg/fa/histo.htm (12.07.2010)

Frauen entscheiden sich immer häufiger für einen Aufschub der Elternschaft zu Gunsten der Bildungs- und späteren Erwerbspartizipation, wodurch sich die Phasen der Familiengründung zunehmend mit dieser ersten Phasen der individuellen Lebensplanung überschneidet und zu einer dauerhaften Entscheidungsproblematik führt.

Die Determinanten für diese Entscheidung liegen in den Rahmenbedingungen, gesetzt durch soziale Normen und Vereinbarkeit von Beruf und Familie, und den individuellen Vorstellungen sowie der individuellen Präferenz. „Aus einer vereinfachten entscheidungstheoretischen Sicht kann der Geburtenrückgang als ungewolltes Resultat permanenter Anpassung an für eine Elternschaft ungünstige Rahmenbedingungen verstanden werden. […] Ob und wann eine Elternschaft realisiert wird, hängt nicht nur von den äußeren Rahmenbedingungen ab, sondern auch davon, wie „dringlich" sie im Lichte der eigenen Lebensplanung realisiert werden muss und wie hartnäckig oder flexibel der Akteur eine Elternschaft im Vergleich zu anderen Zielen verfolgt."[34]

Der Konflikt zwischen Erwerbstätigkeit und Elternschaft gilt aus zwei Hauptgründen als der populärste Ansatzpunkt für die aktuellen Diskussionen. Zum einen haben die Unternehmen erkannt, dass die qualifizierten jungen Arbeitskräfte in ihrer Anzahl geringer und damit begehrter auf dem Arbeitsmarkt werden und durch Maßnahmen zu einer besseren Vereinbarkeit von Beruf und Elternschaft, sich langfristige Mitarbeiterbindungen produzieren lassen.[35] Und zum anderen, weil sowohl Wirtschaft als auch Politik hier noch wirkungsvoll Einfluss auf die Rahmenbedingungen für die Entscheidung zur Elternschaft nehmen können, wenn monetäre Anreize die weniger wirkungsvollere Alternative darstellen.[36] Die jungen Frauen wollen und müssen schnell in ihren Beruf zurückkehren, um die Opportunitätskosten gering zu halten. Exemplarisch seien hier die unterschiedlichen Entwicklungen in den skandinavischen Ländern und Deutschland genannt, wo in den achtziger Jahren trotz stärkerem Anstieg der Frauenerwerbsquote als in (West-)Deutschland, die Anzahl der Geburten pro Frau konstant blieb. Gleiches konnte man in der Deutschen Demokratischen Republik beobachten, in der bei einer neunzigprozentigen Frauenerwerbsquote die totale Fertilitätsrate in den siebziger Jahren anstieg.[37] Die Entwicklungen in diesen Ländern wird als Folge der Verbesserung des Betreuungsangebotes und der Einkommenssituation von Mehrverdienerhaushalten mit Kindern, durch zahlreiche politische und strukturelle Maßnahmen, gesehen.

Weitere Determinanten resultieren aus den Unsicherheiten individueller Lebenslagen und der gesamtgesellschaftlichen und -wirtschaftlichen Situation. Dazu zählen das Risiko des Arbeitsplatzverlustes, Erwerbslosigkeit, Konjunkturschwankungen, Naturkatastrophen, Kriege und persönliche unvorhersehbare Ereignisse, wie Unfälle, Krankheit oder Verlust des Partners. Eigene Kinder werden hier interpretiert, als ein stark negativer Einfluss auf die eigene Flexibilität und Anzahl zur Verfügung stehenden Optionen.[38] Ohnehin ist

---

[34] Schröder, Torsten (2007): „Geplante Kinderlosigkeit? Ein lebensverlauftheoretisches Entscheidungsmodell"
[35] Vgl.: Pfundt, Karen (2004): „Die Kunst, in Deutschland Kinder zu haben"
[36] Vgl.: Nauck, Bernhard (2007): „Der individuelle und kollektive Nutzen von Kindern"
[37] Vgl.: Neumann, Hans-Georg (1998): „Demographie und Familienplanung"
[38] Vgl.: Gross, Peter (1994): „Die Multioptionsgesellschaft"

die Existenz einer stabilen Paarbeziehung eine der Hauptvoraussetzungen für die Realisierung des Kinderwunsches.

Die Schaffung der Voraussetzungen für ökonomische Unabhängigkeit und Absicherung sind eng verknüpft mit der Phase der Qualifikation und Ausbildung. Die Realisierung individueller Lebensziele wie die Selbstverwirklichung und Autonomie konkurriert permanent mit der Gründung einer Familie und rückt für viele junge Menschen zunehmend in den Vordergrund. Die normative Wirkung von gesellschaftlicher Erwartungshaltung und gesellschaftlichem Druck nimmt mit fortschreitender Industrialisierung und Individualisierung der Gesellschaft stetig ab und führt zu erweiterten Entscheidungsspielräumen.[39]

Die Option, den Zeitpunkt der Elternschaft genau kontrollieren zu können, ist mit der Verbreitung der Kontrazeptiva möglich geworden. Seit den sechziger Jahren haben sexuell aktive Frauen mit der Antibabypille eine zuverlässige Möglichkeit eine ungewollten Schwangerschaft zu verhindern. Zusammen mit weiteren Arten der Kontrazeption ist die individuelle Familienplanung planbar geworden und die Zahl ungewollter Schwangerschaften, vor allem im Teenageralter, hat sich deutlich reduziert. Die Einführung der Antibabypille, als das meist verwendete Kontrazeptiva, wird in der Demographie ein entscheidender Einfluss auf die sinkenden Fertilitätsraten in den industrialisierten Gesellschaften zugewiesen.[40]

Die Selbstbestimmtheit der Frauen, während ihrer reproduktiven Phase, ist der wohl wichtigste Einflussfaktor auf die Fertilität aufgeklärter Gesellschaften und die Hauptdeterminante für den Aufschub der Elternschaft.

---

[39] Vgl.: Feldmann, Klaus (2006): „Soziologie kompakt: Eine Einführung"
[40] Vgl.: Herter-Eschweiler, Robert (1998): „Die langfristige Geburtenentwicklung in Deutschland"

3 Theoretische Erklärungsansätze

3.1 Die Rational-Choice-Theorie

Die Rational-Choice-Theorie ist eine theoretische Perspektive innerhalb des Methodologischen Individualismus, unter dem die grundlegende Richtung sozialwissenschaftlicher Theorieansätze zusammenfassend bezeichnet wird, welche nicht von überindividuell-kollektiven soziokulturellen Strukturen, ausgehend von Systemen und Ganzheiten, Erklärungen für geschichtlich und gesellschaftlich bedingte Prozesse liefern sollen, sondern vom menschlichen Individuum und dessen Verhalten.[41] Die neueren Konzepte des Methodologischen Individualismus gehen unter dem Einfluss von Ökonomie und Wirtschaftstheorie von einem ökonomisch-rationalen Handeln durch nutzen- und zielorientierte Individuen aus. Mit der Einbeziehung des individuellen Handelns und seinen Auswirkungen in den soziokulturellen Lebenszusammenhang hat der Methodologische Individualismus eine Verbindung zwischen der mikro- und makrosoziologischen Perspektive geschaffen.[42] Exemplarisch für diese Verbindung sei hier das „Wannenmodell", verfeinert durch Esser, angeführt (Abbildung 15), mit dem verdeutlicht werden soll, dass eine Beziehung auf Kollektivebene nur durch den Rückgriff auf die Individualebene erklärt werden kann.[43]

Abbildung 15: Mikro-Makro Modell

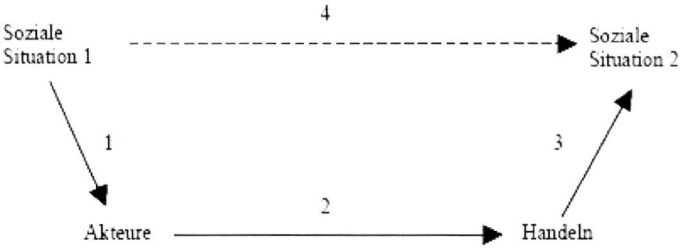

Quelle: aus Esser (1999) in Miebach, Bernhard (1991): „Soziologische Handlungstheorie"

---

[41] Vgl.: Hillmann, Karl-Heinz (2007): „Wörterbuch der Soziologie"
[42] Vgl.: Hillmann, Karl-Heinz (2007): „Wörterbuch der Soziologie"
[43] Vgl.: aus Esser (1999) in Miebach, Bernhard (1991): „Soziologische Handlungstheorie"

Die Pfeile werden mit den Begriffen der „Logik der Situation" (Pfeil 1), der „Logik der Selektion" (Pfeil 2) und der „Logik der Aggregation" (Pfeil 3) besetzt. Der gestrichelte Pfeil 4 soll verdeutlichen, das der Zusammenhang auf der Kollektiv- beziehungsweise Makroebene zwischen der „Sozialen Situation 1" und der „Sozialen Situation 2" nur durch den Rückgriff über die Individual- beziehungsweise Mikroebene, also die „Akteure" und deren „Handeln" erklärt werden kann. Damit ist das Grundgerüst des Erklärungsansatzes des Methodologischen Individualismus kurz zusammengefasst.

Die Rational-Choice-Theorie (R.C.T.) ist innerhalb des Methodologischen Individualismus die theoretische Perspektive, in der unter besonderer Berücksichtigung der Fähigkeit des Menschen zu rationalen Handlungen und Entscheidungen für soziale Prozesse liefern soll. Die R.C.T. wird auch als Theorie der rationalen Wahl von Handlungsalternativen bezeichnet.[44] Die Rationalität ist, nicht wie in der Ökonomie, eine objektive Rationalität, sondern um eine aus der jeweiligen Sicht des handelnden Akteurs. In den, an den Ursprung in der Theorie des „homo oeconomicus" stark angelehnten, ersten Varianten der R.C.T. wird noch von den Entscheidungen zugrunde liegenden vollständigen Informationen des Akteurs ausgegangen, ebenso wie die lebensferne Annahme, dass sich die Akteure ausschließlich zum maximalen Nutzen in der Entscheidungssituation entscheiden. Der „homo oeconomicus" ist ein eher theoretisches Konstrukt der Wirtschaftstheorie und liefert eine begrenzte Darstellung des menschlichen Entscheidungsverhaltens beim Wirtschaften. Der so idealisierte Mensch entscheidet seine Wirtschaftshandlungen rational, bei gegebener Präferenzordnung konstanter Präferenzen, vollkommener Information und Voraussicht, mit dem Ziel individueller Nutzenmaximierung.[45] Die Kritik der Psychologie, der Mensch habe nur eingeschränkte Möglichkeiten zur Informationsverarbeitung und entscheide auch intuitiv sowie aus der Erfahrung heraus, wurde in den folgenden Modellen und erweiterten Betrachtungen mehr beachtet und führte zu realistischeren Annahmen und Varianten der Rational-Choice-Theorie. Ein Ergebnis dieser und anderer Kritikpunkte sind Weiterentwicklungen wie das noch genauer zu betrachtende RREEMM-Modell von Lindenberg, in dem der Akteur kreativ und initiativ handelt und die

---

[44] Vgl.: Hillmann, Karl-Heinz (2007): „Wörterbuch der Soziologie"
[45] Vgl.: Hillmann, Karl-Heinz (2007): „Wörterbuch der Soziologie"

eingeschränkten Fähigkeiten zur Informationsverarbeitung berücksichtigt wurden, womit zum Beispiel individuelle Gewohnheiten und Handlungsroutinen des Alltags als rational erscheinen.[46]

Eine für die Betrachtung der Entscheidung zur Elternschaft wichtigsten Varianten der R.C.T. sind die SEU (subjective expected utility)-Modelle und die Wert-Erwartungs-Theorien.[47]

3.2 Die SEU-Theorie

Bei der SEU-Theorie wählt der Akteur aus Optionen in einer Entscheidungssituation. Die Entscheidung fällt dabei zu Gunsten der Option, die von allen wählbaren Alternativen den zu erwartenden höchsten subjektiven Nutzen, also maximalen Nutzen, bringt. Der subjektive Nutzen wird dabei für alle möglichen Optionen berechnet und mit der Wahrscheinlichkeit des Eintretens gewichtet.[48] Die zu wählende beste Option nach dieser Berechnung ist dann eine rationale Entscheidung des rationalen Akteurs. Diese Theorie des subjektiv erwarteten Nutzens hat vier Hauptbestandteile: „[...] eine kardinale Nutzenfunktion, eine endliche Menge von alternativen Strategien, eine mit jeder Strategie verbundene Wahrscheinlichkeitsverteilung für die zukünftigen Szenarien und eine Politik der Nutzenmaximierung."[49] Die SEU-Theorie gibt allerdings nicht vor, woher diese Werte für die Berechnung der besten Option herkommen und wie sie entstehen, „[...] sie sind einfach da".[50] Auch hier spiegelt sich deutlich der ökonomische Herkunftscharakter dieser Theorie wieder, indem Werte in eine Formel eingesetzt werden und daraus Entscheidungen generiert.

Dies ist dabei nicht der einzige Ansatzpunkt für Kritik an der Alltagstauglichkeit dieser Theorie. In den Experimenten von Kahneman und Tversky zu Anomalien rationaler Entscheidungsfindung spielen die subjektiven Einschätzungen der Akteure eine entscheidende Rolle. Ihre zahlreichen Experimente und deren Ergebnisse sind unter dem Namen der „Prospect Theory" bekannt geworden. Im

---

[46] Vgl.: Hillmann, Karl-Heinz (2007): „Wörterbuch der Soziologie"
[47] Vgl.: Burkart, Günter (1994); „Die Entscheidung zur Elternschaft"
[48] Vgl.: Esser, Hartmut (1999): „Soziologie: Spezielle Grundlagen Band 1: Situationslogik und Handeln"
[49] Simon, Herbert A. (1993): „homo rationalis: Die Vernunft im menschlichen Leben", S. 22
[50] Simon, Herbert A. (1993): „homo rationalis: Die Vernunft im menschlichen Leben", S. 23

wesentlichen Punkt bringen die Ergebnisse zwar keine Erklärungen für die Anomalien, liefern aber einen guten Einblick in die Denkweise des Menschen in Risikosituationen. Zu den wichtigsten Ergebnissen zählen die subjektive Überbewertung extrem kleinen Wahrscheinlichkeiten bei Gewinnen und Untergewichtung sehr niedriger Wahrscheinlichkeiten bei drohenden Verlusten sowie die subjektiv höhere Einschätzung von sicheren Gewinnen gegenüber objektiv gleicher Wahrscheinlichkeiten einer Risikoauszahlung. Mit diesem Verhalten ist beispielsweise die Versicherungsmentalität gegen extrem seltene Ereignisse oder das Lottospielen des Menschen erklärbarer geworden, welches beide irrationale Handlungen im eigentlichen Sinne sind, aber trotzdem von Akteuren genutzt werden. Zudem verändert sich auch die Risikobereitschaft bei vorherigen Gewinnen oder Verlusten, das heißt befindet sich der Akteur in der Verlustzone, bewertet er mögliche Gewinne bei gleicher objektiver Werterwartung höher ein, als wenn der Akteur sich bereits in der Gewinnzone befindet. Umgekehrt werden mögliche Verluste im Gewinnbereich subjektiv stärker bewertet, als zu erwartende Gewinne bei objektiv gleichen Voraussetzung und Wahrscheinlichkeiten.[51]

Im Bezug auf die SEU-Theorie zeigen diese empirischen Befunde die Abhängigkeit der Theorie von der subjektiven Einschätzung des Akteurs der objektiven Wahrscheinlichkeiten des Eintretens eines Ereignisses, welche jedoch grundlegenden Einfluss auf seine Entscheidung im rationalen Sinne der SEU-Theorie hat.

Allgemein bildet die Wert-Erwartungs-Theorie den Kern ökonomisch-rationaler Ansätze zur Erklärung individueller Entscheidungen und Handlungen. Es wird unterstellt, dass sich die rational handelnde Person in bestimmten Situationen für jene Handlungsalternative entscheidet, deren Konsequenzen mit einem möglichst hohen persönlichen Nutzen verbunden sind und aufgrund subjektiver Erwartung mit möglichst hoher Erwartungswahrscheinlichkeit eintreten.[52]

Die Rational-Choice-Theorie gehört ebenfalls zu den Entscheidungstheorien. Entscheidungstheorien sind Theorien des Handelns, bei denen von Ziel- und Nutzenvorstellungen des Handelnden ausgegangen wird und die effiziente Zielverwirklichung untersucht wird. Dem Akteur stehen dabei Handlungsmöglichkeiten zur Verfügung, welche in Abhängigkeit von sozialen

---

[51] Esser, Hartmut (1999): „Soziologie: Spezielle Grundlagen Band 1"
[52] Hillmann, Karl-Heinz (2007): „Wörterbuch der Soziologie"

Verhaltensregeln und Umweltbedingungen bestimmte Ereignisse hervorbringen und bewertet. Die Entscheidungsprozesse, welche zur Wahl führen, werden dabei unter verschiedenen Informationsbedingungen untersucht. Des Weiteren werden die Beziehungen zwischen den Zielen, dem Akteur zur Verfügung stehenden Mittel und Konsequenzen, aus seinen Entscheidungen im sozialen Kontext untersucht.[53]

Die rationalen Entscheidungstheorien, also auch die R.-C.-T., haben die individuelle Präferenz zum zentralen Begriff.[54] Die Individuelle Präferenz bestimmt im Rahmen der SEU-Theorie die Entscheidungen des Akteurs über die subjektive Einschätzung der Eintrittswahrscheinlichkeiten. Die Präferenzordnung bestimmt im Wesentlichen die Entstehung von Zweckrationalität, das heißt Rationalität des Handelns im Bezug auf die Erlangung eines Zieles, einer individuellen Präferenz. Das Entscheidungsverhalten des Akteurs ist eine direkte Folge seiner individuellen Präferenzen an die Entscheidungssituation. Die Entscheidungssituationen können nach den vorherrschenden Informationsbedingungen in drei Kategorien eingeteilt werden. In Entscheidungen unter Sicherheit, unter Unsicherheit beziehungsweise Risiko und in Entscheidungen unter Unwissenheit.[55] Bei Entscheidungssituationen unter Sicherheit sind die Ergebnisse der zur Wahl stehenden Handlungen eindeutig vorhersagbar und es genügt eine einfache Präferenzrangfolge um eine Entscheidung zu treffen. In diese Kategorie fallen zum Beispiel in hohem Maße idealisierte Alltagsentscheidungen, die vom Akteur zügig und ohne großes Abwägen bewältigt und nach den aktuellen Präferenzen aufgelöst werden. Bei Entscheidungssituationen unter Unsicherheit oder Risiko wird vor der Entscheidung eine Nutzenerwartung generiert und nach den individuellen Präferenzen die Wahl mit dem höchsten zu erwartenden Nutzen getroffen. Bei Entscheidungen unter Unwissenheit wird die Nutzenerwartung, wie bei der SEU-Theorie, noch mit einer Wahrscheinlichkeitsfunktion erweitert, das heißt der zu erwartende Nutzen der einzelnen Optionen wird mit der subjektiven Eintrittswahrscheinlichkeit gewichtet und dann nach der individuellen Präferenz eine Entscheidung getroffen. Da sich jedoch dem zu erwartenden Nutzen nur genähert werden kann, werden dafür unterschiedliche

---

[53] Hillmann, Karl-Heinz (2007): „Wörterbuch der Soziologie"
[54] Schmidt, Thomas (1995): „Rationale Entscheidungstheorie und reale Personen"
[55] Schmidt, Thomas (1995): „Rationale Entscheidungstheorie und reale Personen"

Kriterien angewendet, wie zum Bespiel das „Minimax Risk Criterion" oder das „Pessimism-Optimism Criterion" von Hurwicz.[56]

3.3 Das RREEMM-Modell

Das RREEMM-Modell orientiert sich an der klassischen Ökonomie und knüpft an die schottische Moralphilosophie an.[57] Es verbindet die Modelle des „homo sociologicus" und des „homo oeconomicus" zu einem Modell, das geeignet erscheint, den Erfordernissen soziologischen Erklärungen und den Ergebnissen der biologischen Anthropologie zu entsprechen. Siegwart Lindenberg setzt dabei einen Akteur voraus, den er als resourceful, restricted, evaluating, expecting, Maximizing Man beschreibt. Der Akteur ist demnach Handlungsmöglichkeiten, Opportunitäten und Restriktionen ausgesetzt. Er nimmt aus Alternativen seine Selektionen vor und hat immer eine „Wahl". Er agiert dabei findig, kreativ, reflektierend und überlegt. Seine Selektion des Handelns und der Alternativen wird über Erwartungen und Bewertungen gesteuert und folgt dabei der Regel der Maximierung.[58]

Das Modell des „homo oeconomicus" geht von einem idealisierten Menschen aus, der seine Entscheidungen mit dem Ziel der individuellen Nutzenmaximierung nach einer gegebenen Präferenzordnung, bei vollkommener Informiertheit und vollkommener Voraussicht trifft.[59] Diese theoretische Konstruktion des Individuums der Wirtschaftstheorie trifft seine Entscheidungen rational und ist in seiner Wahl auf die vorgegebenen Alternativen beschränkt. Der Akteur des „homo oeconomicus" ist nicht lernfähig und verfügt über keine besondere Findigkeit zur Lösung der gestellten Probleme.[60] Dieses theoretische Konstrukt wird erweitert durch den vergesellschafteten Menschen aus der strukturtheoretischen Modellkonstruktion des „homo sociologicus". Der Akteur ist demnach Inhaber vorgegebener sozialer Positionen und bildet seine Persönlichkeit aus der Kombination sozialer Rollen. Er ist fremdbestimmter Spieler, der durch

---

[56] Schmidt, Thomas (1995): „Rationale Entscheidungstheorie und reale Personen"
[57] Esser, Hartmut (1993): „Soziologie – Allgemeine Grundlagen"
[58] Esser, Hartmut (1993): „Soziologie – Allgemeine Grundlagen"
[59] Hillmann, Karl-Heinz (2007): „Wörterbuch der Soziologie"
[60] Esser, Hartmut (1993): „Soziologie – Allgemeine Grundlagen"

Rollenerwartungen mit dem Charakter äußerer Zumutungen und gesellschaftlicher Zwänge gesteuert wird, was mit dem Verlust von Individualität, Freiheit und Autonomie einhergeht.[61]

Beide Modelle einzeln betrachten sind in ihrer Anwendung auf soziale Phänomene nur beschränkt anwendbar und sehr theoretischer Natur, zusammengeführt im RREEMM-Modell ist jedoch eine Erklärung mit diesem Modell soziologischen Handelns möglich.

3.4 Wann ist die Entscheidung zur Elternschaft eine Entscheidung?

Eine Entscheidung ist ein „[...] Prozess der Wahl einer Handlung aus einer Reihe von Handlungsalternativen im Hinblick auf einen bestimmten Zielwert"[62], welcher nach dem Ansatz der R.C.T. „[...] gemäß den subjektiven Präferenzen, unter dem Gesichtspunkt der Optimierung der Kosten-Nutzen-Relation"[63] stattfindet. Um von einer Entscheidung sprechen zu können, muss die Frage zunächst beantwortet werden, ob eine Frau, ein Mann oder ein Paar aus Handlungsalternativen auswählen können, bevor es zur Elternschaft kommt. Diese Frage erscheint zunächst banal, ist aber für die theoretischen Konstrukte einer rationalen Entscheidung von grundsätzlicher Bedeutung. Ohne die Möglichkeit zur Wahl zwischen Handlungsalternativen wäre ein Entscheidungsprozess im Sinne rationaler Wahlhandlung in der Frage zur Elternschaft nicht möglich.

Ausgehend vom biologischen Ursprung des Menschen, als Ergebnis eines evolutionären Prozesses aus der Gattung des Säugetiers hervorgegangen, muss davon ausgegangen werden, dass ihm keine Handlungsalternativen zur Verfügung standen, sondern die Zeugung von Nachkommen und die damit verbundenen Handlungen, als ein intuitiver Akt zur Arterhaltung genetisch impliziert ist. In der Anthropologie ist dieses Verhalten unter dem Begriff der „biologischen Reproduktion" beschrieben. In einer modernen, aufgeklärten Gesellschaft ist jedoch nicht mehr davon auszugehen, dass die Menschen einem reinen Instinkt der Natur folgen, sondern dem Geschlechtsverkehr zwischen Mann und Frau

---

[61] Hillmann, Karl-Heinz (2007): „Wörterbuch der Soziologie"
[62] Hillmann, Karl-Heinz (2007): „Wörterbuch der Soziologie"
[63] Burkart, Günter (1994): „Die Entscheidung zur Elternschaft"

bewusste oder auch unbewusste Entscheidungsprozesse vorausgehen.[64] Der moderne Mensch wird früh mit seiner Sexualität konfrontiert und ist über die möglichen Folgen seiner Handlungen aufgeklärt. Ausgehend von einem Mitglied einer modernen Gesellschaft ist folglich der Geschlechtsverkehr eine zur Wahl stehende Handlungsalternative und keine rein instinktive Handlung des Menschen. Im Gefüge der Entscheidung zur Elternschaft ist der Geschlechtsverkehr nicht die einzige initiierende Handlung. Die Fortschritte der Medizin haben eine Vielzahl möglicher Alternativen, einer Frau die Befruchtung einer Eizelle und damit die Schwangerschaft und somit Elternschaft zu ermöglichen, hervorgebracht. In diesen Fällen ist es jedoch unstrittig, das eine bewusste Entscheidung zur Elternschaft vorausgegangen sein muss.

Die Entscheidung gegen ein Kind beziehungsweise zur Kinderlosigkeit lässt sich dabei noch eindeutiger als Entscheidung bestimmen und folgt einem ähnlichen Argumentationsansatz. Die Gründe dafür können von persönlichen Erfahrungen, religiösen Einstellungen, ökonomischen Zwängen über normativ-soziologische Ansätze reichen. Auch hier ist von einer aufgeklärten modernen Gesellschaft auszugehen. Die gängigsten Handlungs-alternativen zur Verhinderung der Elternschaft sind die Verwendung von Verhütungsmitteln, medizinisch chirurgischen Eingriffen und die temporäre oder dauerhafte sexuelle Abstinenz. Bei allen Handlungen dieser Art handelt es sich um eine bewusste Entscheidung gegen Kinder und rationale Wahlhandlungen zur Verhinderung einer Elternschaft. Bei einer aus biologischen Gründen nicht möglichen Elternschaft kann nicht von einer Entscheidung im eigentlichen Sinne ausgegangen werden, jedoch bestehen auch in diesem Fall Handlungsalternativen. Die soziale Elternschaft[65] wie eine Adoption oder die dauerhafte Pflegeübernahme eines Kindes sind in der heutigen Zeit gesellschaftlich anerkannt und bieten für unfruchtbare Paare eine zusätzliche Option zur Elternschaft.[66]

Damit kann zusammenfassend von einer individuellen Entscheidung der Mitglieder einer modernen aufgeklärten Gesellschaft für oder gegen eine Elternschaft ausgegangen werden. Einschränkungen bei weniger stark entwickelten Gesellschaften hängen vom Zugang zu Informationsnetzwerken, dem Zugang zur Bildung und dem Aufklärungsgrad der Individuen ab. In den

---

[64] Vgl.: http://www.uni-protokolle.de/Lexikon/Sexualit%E4t.html (05.07.2010)
[65] Vgl.: Peuckert, Rüdiger (2008): „Familienformen im sozialen Wandel"
[66] Vgl.: http://www.adoption.de (07.07.2010)

Entwicklungsländern[67] oder Urvölkern ist prinzipiell nicht davon auszugehen, dass die Entscheidung zur Elternschaft als Wahl aus Handlungsalternativen getroffen wird und entsprechende Handlungen zur Erreichung dieser Wahl bewusst eingeleitet werden. Es ist bei Unwissenheit, betreffend der Folgen des sexuellen Austausches, dann von einer intuitiven, dem Trieb der biologischen Reproduktion folgenden, Handlungsinitiierung auszugehen. Die sexuelle Aufklärung des Individuums ist der zentrale Faktor für die Kategorisierung der Entscheidung vor dem Übergang zur Elternschaft als Entscheidung.

---

[67] Vgl.: Hillmann, Karl-Heinz (2007): „Wörterbuch der Soziologie"

4 Die Rationalität der Wahlhandlungen

4.1 Die Rationalität der Wahlhandlungen vor dem Übergang zur Elternschaft

Die Entscheidung zur Elternschaft ist im Entscheidungsprozess von der individuellen Einstellung zur Elternschaft und den äußeren Rahmenbedingungen wesentlich beeinflusst. Die Entscheidungsfindung ist entsprechend der unterschiedlich stark entwickelten Gesellschaftsformen und dem Fortschritt von Institutionalisierung und Individualisierungstendenzen in den Gesellschaften unterschiedlich zu modellieren, um die Rationalität der Entscheidung zur Elternschaft aufzuzeigen. Ausgehend von einem Menschenbild des Lindenberg´schen RREEMM-Modells wird von einem Akteur mit mehreren Handlungsmöglichkeiten, Opportunitäten und Restriktionen ausgegangen. Er nimmt nach der Regel der Maximierung aus Alternativen seine Selektionen, über Erwartungen und Bewertungen gesteuert, vor und agiert dabei findig, kreativ, reflektierend und überlegt.[68] Der Akteur handelt dabei rational, wenn er entsprechend seiner begrenzten Informationsverarbeitungskapazität und seines unvollkommenen Wissens, im strengen Sinne begrenzt rational handelt.[69]

Der Übergang zur Elternschaft ist aus der Perspektive rationaler Entscheidungstheorien mit einem sehr großen Anteil an Unsicherheit und Unwissenheit behaftet. Die Entscheidung zur Elternschaft ist aus dieser Hinsicht eine Entscheidung unter dem Einfluss einer Vielzahl individueller Bewertungen und Erwartungen. Eine Rationalität im klassischen Sinne der ökonomischen Tradition nach dem einfachen Schema einer Kosten-Nutzen-Abwägung ist daher für die Entscheidung zur Elternschaft nicht möglich.[70] Die Rationalität der Elternschaft hat sich im Zuge der Pluralisierungs- und Individualisierungstendenzen in der gesellschaftlichen Entwicklung einem Wandel unterzogen.

---

[68] Vgl.: Esser, Hartmut (1993): „Soziologie – Allgemeine Grundlagen"
[69] Vgl.: Kirsch, Werner (1992): „Kommunikatives Handeln, Autopoiese, Rationalität"
[70] Vgl.: Heinemann, Maik (2001): "Erwartungsbildung, individuelle Entscheidungen und das Lernen ökonomischer Zusammenhänge"

4.2 Die Entscheidung zur Elternschaft in vorindustriellen Gesellschaften

Die vorindustriellen Gesellschaften der Entwicklungsländer sind gekennzeichnet durch den engen familiären Zusammenhalt und enge soziale Netze. Die Wirtschaft ist wenig entwickelt und stark auf traditionelles Handwerk und agrarische Subsistenzwirtschaft ausgerichtet. Die Gesellschaften sind wenig institutionalisiert und Familien sind alternativlos zur individuellen Absicherung gegen die Risiken des eigenen Lebens. Durch den starken Kollektivismus wird ein enger Zusammenhalt produziert und durch die Mitglieder auch wieder reproduziert. Die Normierung und Sanktionierung durch die anderen Gesellschaftsmitglieder haben starken Einfluss auf das Zusammenleben und die persönlichen Präferenzen in den wenigen individuellen Entscheidungsprozessen. Der Lebenslauf ist weitgehend vorbestimmt, geradlinig und kontinuierlich im Verlauf. Die Entscheidung zur Elternschaft ist stark geprägt von normativen Vorgaben der Gesellschaftsmitglieder und wird teilweise auch vorweggenommen. Dies ist zum Beispiel der Fall, wenn Frauen bereits im Kindesalter versprochen oder gegen eine Mitgift verkauft werden, wie es in orientalischen Kulturen üblicher Brauch ist.[71] Die so entstehenden Elternschaften, um die jeweiligen Familien herum, stärken durch ihre Nachkommen die Machterhaltung und Besitztümer in den Herkunftsclans und bilden die zukünftigen Brückenglieder zwischen den einzelnen sozialen Netzwerken. Zum Beispiel die Verheiratung unter Verwandten zur Ausweitung der Hoheitsgebiete und Festigung der Macht im Mittelalter, sind von einer hohen Rationalität gekennzeichnete Handlungen.[72]

Die Gründe für die Entscheidung zur Elternschaft in den heutigen Entwicklungsländern sind eng verbunden mit der Ökonomisierungsfähigkeit der Elternschaft. Kinder werden frühzeitig als Produktionsfaktoren und Leistungserbringer gesehen und als solche eingesetzt. Der Wert der Kinder wird damit ökonomisiert und auf die körperliche Leistungsfähigkeit beschränkt. Kinderarbeit stellt in Afrika, Teilen Südamerikas und Asiens einen wichtigen Wirtschaftsfaktor dar. Wenn diese Kinder nicht in den Familien direkt zur Arbeit eingesetzt werden, werden sie verliehen oder als Ware am Markt verkauft.[73]

---

[71] Vgl.: Klaus, Daniela (2008): „Sozialer Wandel und Geburtenrückgang in der Türkei"
[72] Vgl.: Burkart, Günter (1997): „Lebensphasen, Liebesphasen:
[73] Vgl.: Nauck, Bernhard (2010): „Fertilitätsstrategien im interkulturellen Vergleich"

Professionelle Strukturen der Kinderarbeit sind organisiert nach dem Vorbild der Sklavenhalterordnung. Die Kinder werden entweder nur sehr gering entlohnt oder erhalten lediglich eine Unterkunft und eine mangelhafte Versorgung.[74] Durch die schnelle Ökonomisierung der Kinder ordnen ihre Eltern bei der Entscheidung zur Elternschaft, der Elternschaft einen konkreten Wert zu. Die subjektiven Kosten eines Kindes sind sehr gering, aufgrund der sehr kurzen Zeit bis zur Arbeitsfähigkeit und den nicht vorhandenen Ausbildungskosten. Neben dem ökonomischen Nutzen der Kinder kommt der Versicherungsnutzen gesteigert zum Tragen. Das Fehlen institutioneller, gesellschaftlicher Strukturen zur Absicherung bei Nichterwerbsfähigkeit der Eltern, wird durch die eigenen Nachkommen und Hilfeleistungen des Familienverbunds ausgeglichen. Die Anzahl der Kinder unterliegt dabei keinen sozialen Normen. Die Vorstellungen zur optimalen Kinderzahl, wie in modernen Gesellschaften, lauten hier nach dem einfachen Maximierungsprinzip: „je mehr, desto besser" beziehungsweise wird begrenzt durch die biologische Veranlagung. Die mehrfache Elternschaft ist gleichzusetzen mit den Attributen des Reichtums und Wohlstands. Durch die Einfachheit dieser subjektiven Wertzuteilung für den Mehrwert durch eine Elternschaft, bei gleichzeitiger Vernachlässigung der Kostenseite, lassen die Entscheidung für diese Gesellschaften als eine hoch rationale Entscheidung erscheinen. Fraglich ist jedoch, wie viel Entscheidung in dieser Entscheidung letztlich wirklich steckt. Angesichts mangelnder Aufklärung, geringer Bildung und stabilen traditionellen Erwartungen und sozialen Normen ist die Selbstbestimmtheit des Übergangs zur Elternschaft zumindest fragwürdig. Ein findiges und kreatives Handeln im Sinne des RREEMM-Modells wird durch die stringenten Normen und drohenden Sanktionierungen durch die Gesellschaft bei Abweichung unterdrückt und verhindert. Eine Abwägung im Sinne rationaler Entscheidungsprozesse und zu Gunsten einer Nutzenmaximierung darf daher bezweifelt werden. Es ist wahrscheinlicher, dass die Akteure bei ihren Handlungen dem natürlichen Trieb zum Erhalt der Art beziehungsweise des Stammes folgen und die Handlungen auf der Mikroebene zum Übergang zur Elternschaft stark normiert und fremdbestimmt werden. Zudem sorgen eingeschränkte Informationsflüsse, mangelnde Strukturen und die Unbeständigkeit der Rahmenbedingungen für eine Art Kurzsichtigkeit der Entscheidungsträger. Dies gilt auch für die notwendigen

---

[74] Vgl.: http://www.wsws.org/de/2000/jan2000/kind-j13.shtml (06.07.2010)

Entscheidungen auf der Makroebene.[75] Eine Planung oder auch Statistik zum generativen Verhalten der Bevölkerung existiert nicht. Ebenso sind keine Untersuchungen zu dessen Folgen vorhanden, die eine Beeinflussung der Fertilität ermöglichen könnten. Diese Gesellschaften folgen ihrem narrativen Wissen aus der Situation heraus und handeln damit, gemessen an ihrer unvollkommenen Information und Rahmenbedingungen, zweckrational auf der Mikro- beziehungsweise Individualebene. Aus dieser muss sich nicht zwangsläufig eine Rationalität auf Makroebene ergeben.[76] Ein Beispiel für dieses paradoxe Verhalten sind die weiterhin hohen Fertilitätsraten auf dem Afrikanischen Kontinent, trotz regelmäßiger Hungersnöte, geringer Lebenserwartung, sozialen Unsicherheiten und Überbevölkerung. Durch die mangelnde Institutionalisierung und fehlende Strukturen in der Bildung und den Informationswegen sind kontrollierte Maßnahmen zur Beschränkung der Fertilität kaum möglich. Die Fertilität steigt weiterhin. Es werden immer mehr Kinder zur Welt gebracht, um der individuellen Armut zu entkommen und die eigene Lebensqualität und Ernährung abzusichern. Was den Wohlstand individuell erhöht, führt zu einer weiteren Verschlechterung der Situation für die Gesamtgesellschaft. Die individuell rationale Entscheidung zur Elternschaft ist auf der Makro- und Mesoebene irrational.

4.3 Die Entscheidung zur Elternschaft zwischen Tradition und Moderne

Die Entscheidung zur Elternschaft in den Übergangsgesellschaften ist gezeichnet von der Loslösung der Individuen aus traditionalen Verhaltensmustern und einer Erschließung neuer Optionen der individuellen Lebensgestaltung.[77] Die kleinfamiliären Strukturen bleiben zwar noch erhalten, werden aber zunehmend von größeren sozialen Netzwerken abgelöst. Gesellschaftliche Normen unterziehen sich einem Wandel und verlieren an Einfluss bei den modernisierten Akteuren der Gesellschaft. Hingegen führt bei traditionellen Bevölkerungsteilen

---

[75] Vgl.: Simon, Herbert A.(1993): „Homo rationalis: Die Vernunft im menschlichen Leben"
[76] Vgl.: Esser, Hartmut (1999): „Soziologie: Spezielle Grundlagen Band 1: Situationslogik und Handeln"
[77] Vgl.: Gross, Peter (1994): „Die Multioptionsgesellschaft"

die subjektive Bedrohung alter Werte durch die neu hinzukommenden Freiheiten der Lebensgestaltung zu einer Verfestigung und erhöhten Identifikation mit den Traditionen. Die Entscheidung zur Elternschaft wird zu einer Wahl zwischen neuen Freiheiten durch einsetzende Pluralisierungsprozesse und traditionaler Lebensführung nach vorhandenen gesellschaftlichen Normen und Vorstellungen. Für den Übergang zur Elternschaft bedeutet dieser hinzugewonnene Handlungsfreiraum eine Vielzahl von Handlungsalternativen. Die Entscheidungsprozesse der rationalen Wahl werden jedoch durch die sozialen Normen stark beeinflusst. Dies hat zur Folge, dass die Optionen zwar zur Auswahl stehen, aber eine Auswahl bestimmter Optionen eine so stark negative gesellschaftliche Sanktionierung auslösen würden, dass eine Wahl real ausgeschlossen wird. Die gesellschaftlichen Rahmenbedingungen mit ihrer Normativität setzen die Grenzen der freien Entscheidung noch relativ eng. Für eine Elternschaft wird der gesellschaftliche Rahmen durch die Pflicht zur vorherigen Eheschließung beispielsweise stark normativ beeinflusst. Die Eheschließung vor dem Übergang zur Elternschaft selbst, ist eine rationale Wahlhandlung.

Die Entscheidung zur Elternschaft wird mit dem Einsetzen der Industrialisierung vom ökonomisch-utilitaristischen Nutzenwert der Kinder entkoppelt. Der Nutzenwert für Familien im agrarischen Bereich bleibt unverändert hoch. Parallel dazu entwickelt sich eine neue Form der Ökonomisierung von Arbeitskraft, die Lohnarbeit. Im Zuge der Industrialisierung entstehen neue Beschäftigungsverhältnisse und Arbeitsbereiche. Die Arbeit wird aus den familialen Strukturen herausgelöst und geht zunehmend in den öffentlichen Bereich über. Durch Lohnarbeit kommt es zu einer stärkeren Selbstbestimmtheit in der Individualbiographie. Die normative Wirkung der sozialen Herkunft verliert für den Lebenslauf an Einfluss und begünstigt damit die Möglichkeiten zur rationalen Wahl biographischer Entscheidungen. Die Auswirkungen auf die Entscheidung zur Elternschaft äußern sich in einer zunehmenden Selbstbestimmtheit des Übergangs zur Elternschaft. Der Versicherungsnutzen aus den familialen Strukturen behält seine Eigenschaft, als wichtigster Nutzen der Elternschaft und wird durch sich herausbildende Institutionen bereits teilweise ersetzt und verliert an Bedeutung.

Für den rational entscheidenden Akteur bedeutet das eine Verringerung von Restriktionen bei gleichzeitiger Steigerung der Optionen beziehungsweise

Handlungsmöglichkeiten. Die subjektive Beurteilung seiner Handlungsalternativen unterliegt jedoch weiterhin starker normativer Einflüsse der Gesellschaft und ist abhängig vom konkreten sozialen Umfeld. Die Rationalität seiner Auswahl ist beschränkt auf die individuell wahrgenommene Situation. Befindet er sich in einem traditionalen Netzwerk aus Bauern und Handwerkern, ist die Entscheidung zur Elternschaft analog rational wie bei den vorindustriellen Gesellschaften. Die Kinder haben einen hohen ökonomisierbaren Wert und verursachen geringe Kosten bis zur Arbeitsfähigkeit. Der ökonomisch-utilitaristische Nutzen von Kindern für die Familie ist unverändert hoch und verringert sich erst mit fortschreitender Industrialisierung und Herauslösung der Kinder aus dem familiären Arbeitsumfeld. Der Versicherungsnutzen durch Kinder für die Eltern wird noch nicht entscheidend durch Institutionen gemindert, da soziale Sicherungsstrukturen erst mit der Einführung von Renten- und Pensionskassen entstehen. Der Glaube und das Vertrauen an die Konstanz dieser institutionalisierten Absicherungen ist jedoch noch sehr gering und die Risiko- und Altersabsicherung durch familiale Strukturen bleibt alternativlos.[78] Elternschaft in dieser Phase der Gesellschaftsentwicklung hat demnach zwei prägnante Merkmale der rationalen Entscheidung. Zum Einen bleiben die traditionalen Nutzenerwartungen konstant, bezüglich dem Versicherungsnutzen und die direkte Ökonomisierung des Wertes von Kindern. Und zum Zweiten ist die Handlungswahl zwar erweitert durch zusätzliche Optionen nach einer vorangegangenen möglichen Herauslösung aus dem direkten familial geprägten Netzwerk. Die sozialen Normen, die Sanktionierung bei Devianz und die Abhängigkeit von Hilfeleistungen aus dem Umfeld der Familie wiederum schränkt, die realisierbaren Handlungswahlen stark ein. Der rational agierende Akteur kann den Zugewinn von Optionen, durch die Dominanz normativer Restriktionen und möglicher starken Sanktionen durch die Gesellschaft, nicht in die Rationalität seiner Handlungen überführen.

---

[78] Vgl.: Nauck, Bernhard (2010): „Fertilitätsstrategien im interkulturellen Vergleich"

4.4 Der Übergang zur Elternschaft als Konsequenz rationaler Wahlhandlung in der individualistischen Gesellschaft

Die Entscheidung zur Elternschaft in den modernen Gesellschaften des 21. Jahrhunderts ist nicht mehr vergleichbar mit den Entscheidungsprozessen vorher. „Der Übergang in die moderne europäische Gesellschaft brachte eine tief greifende Freisetzung der einzelnen Menschen aus lokalen, familiären, ständischen und religiösen Bindungen mit sich. […] Was das Individuum ausmacht, wurde immer mehr zu einer Frage seiner persönlichen Entwicklung, seiner eigenen Entscheidungen, seiner eigenen Lebensgestaltung."[79] Anders und mit einem Wort ausgedrückt „Individualisierung".[80] War vorher der Lebensweg bereits bei der Geburt durch die soziale Herkunft deutlich vorgezeichnet, hat jetzt jeder die freie Handlungswahl und Handlungsqual.[81] Das Individuum ist Produzent seiner eigenen Bastelbiographie. Individualisierung heißt Erweiterung der individuellen Entscheidungsspielräume hin zur absoluten Freiheit der Entscheidung. Für den Übergang zur Elternschaft bedeutet die Herauslösung der Elternschaft aus dem familiären Kontext und gesellschaftlicher Erwartung vor allem den Aufschub der Elternschaft auf einen Zeitpunkt der optimalen Rahmenbedingungen. Die Ehe wird immer später realisiert und gilt wie eine langfristige Partnerschaft, als die Hauptvoraussetzung für den Übergang zur Elternschaft, wie sich in einem höheren Lebensalter der verheirateten Mütter zeigt.

---

[79] Burkart, Günter (1992): „Liebe, Ehe, Partnerschaft: Die Zukunft der Familie"
[80] Vgl.: Burkart, Günter (1992): „Liebe, Ehe, Partnerschaft: Die Zukunft der Familie"
[81] Vgl.: Gross, Peter (1994): „Die Multioptionsgesellschaft"

Abbildung 16: Familienformen 2006

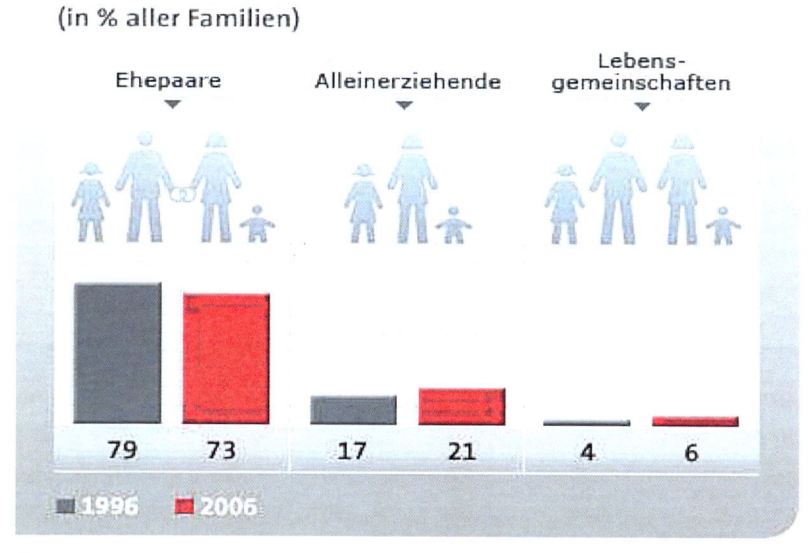

(in % aller Familien)

	Ehepaare	Alleinerziehende	Lebensgemeinschaften
1996	79	17	4
2006	73	21	6

Quelle: www.ard.de/zukunft/kinder-sind-zukunft/kinder-brauchen-familie/familienmodelle/-/id=520622/nid=520622/did=538284/rpvz22/index.html (02.07.2010)

Abbildung 17: Alter verheirateter Frauen bei Erstgeburt

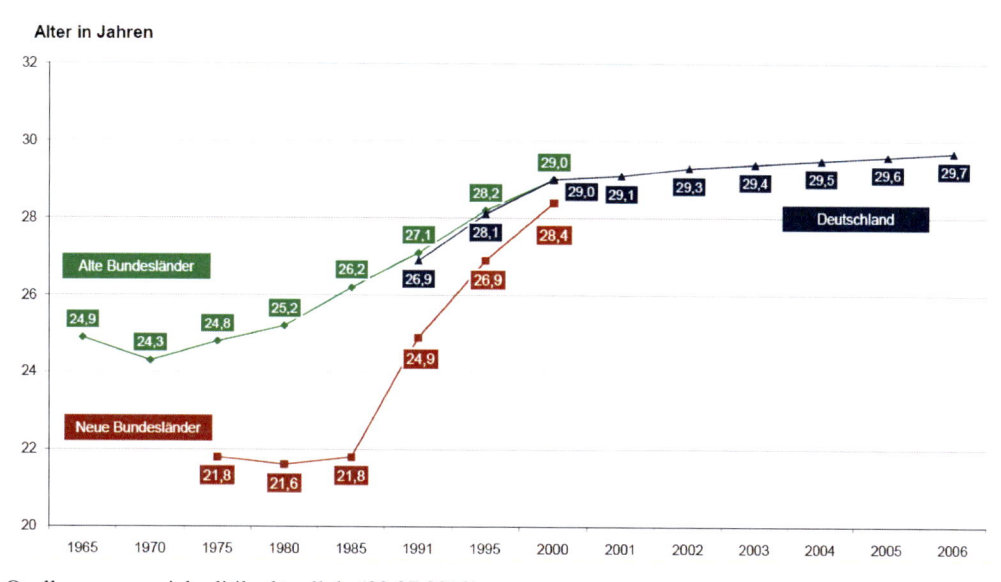

Alte Bundesländer: 24,9 (1965); 24,3 (1970); 24,8 (1975); 25,2 (1980); 26,2 (1985); 27,1 (1991); 28,1 (1995); 29,0 (2000)

Neue Bundesländer: 21,8 (1975); 21,6 (1980); 21,8 (1985); 24,9 (1991); 26,9 (1995); 28,4 (2000)

Deutschland: 29,0 (2001); 29,1 (2002); 29,3 (2003); 29,4 (2004); 29,5 (2005); 29,6; 29,7 (2006)

Quelle: www.sozialpolitik-aktuell.de (02.07.2010)

Der Aufschub der Elternschaft ist ein starkes Indiz für die Elternschaft als rationale Wahlhandlung. Aufschub heißt Selbstbestimmtheit, Auswahl und Steuerung des Übergangs zur Elternschaft. Mit der Einführung der zuverlässigen Methoden der Kontrazeption hat eine Entkoppelung des Geschlechtsverkehrs von der biologischen Fortpflanzungsfunktion hin zu einer bewussten Fortpflanzungssteuerung stattgefunden. Sexuelle Aktivität ist nicht mehr zwingend mit der Folge einer (ungewollten) Elternschaft verbunden, sondern die Schwangerschaft folgt nur dann, wenn sie auch erwünscht und geplant ist. Diese Planung erforderte jedoch Informationen und Handlungsalternativen, die es nur in einer modernen, aufgeklärten Gesellschaft gibt und die Voraussetzung für rationale Entscheidungsprozesse bilden. Die Tradition der Familie vollzieht einen Wandel von der Selbstverständlichkeit als biographische Station, zu einer Option von vielen im Lebenslaufentwurf moderner Gesellschaften. Der Kinderwunsch ist genetisch verwurzelt, unverändert stark, wird allerdings immer seltener konsequent umgesetzt.

Abbildung 18: Kinderwunsch 1992 und 2003

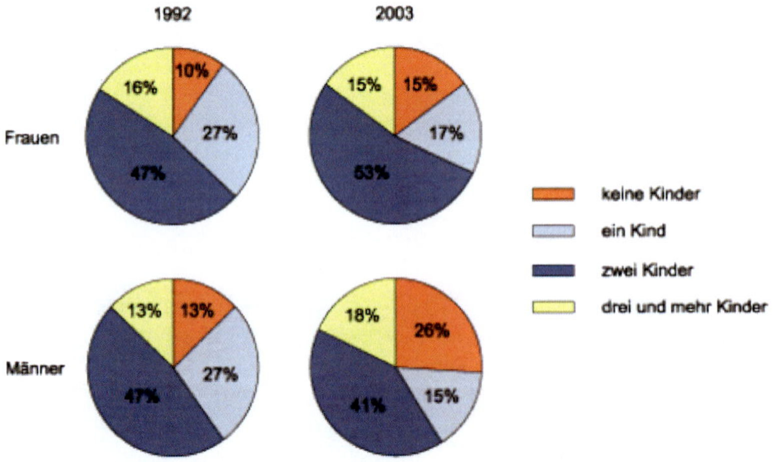

Quelle: www.zdwa.de (11.07.2010)

Die Gründe dafür liegen in der Emanzipation der Frau und im Zuge dieser, bei der Angleichung der Lebensentwürfe zwischen Männern und Frauen.[82] Bei Männern sieht der traditionale Lebensentwurf nach der Schule, die Ausbildungsphase und dann die Erwerbstätigkeit, zur Realisierung ökonomischer Unabhängigkeit, vor. Für die Frau bedeutet dieser Lebensentwurf einen Entscheidungskonflikt zwischen Elternschaft und Berufsorientierung. Die Fruchtbarkeitsphase überschneidet sich mit der Phase der Qualifizierung und Schaffung ökonomischer Unabhängigkeit. Das Entscheidungsproblem der Optionen von Qualifizierung,

---

[82] Vgl.: Beck-Gernsheim, Elisabeth (2006): „Die Kinderfrage heute"

Beruf und Familiengründung entwickelte sich mit steigender Erwerbsquote der Frauen in den Industrienationen zum Scheideweg der weiblichen Biographie. Aus rationalen Gesichtspunkten ist eine Elternschaft in der frühen Ausbildungsphase ebenso irrational, wie nach der Qualifikationsphase. Findet der Übergang zur Elternschaft vor oder während der Ausbildung statt, hat die Frau, dann mit Kind, geringere Chancen am Arbeitsmarkt. Mütter mit kleinen Kindern verfügen über eine stark eingeschränkte Mobilität und Flexibilität in ihrer Zeiteinteilung und haben damit einen Nachteil gegenüber Gleichqualifizierten ohne Kinder. Entscheiden sie sich für einen Aufschub der Elternschaft, erhöhen sich mit steigendem Bildungsniveau und Qualifikationen die Opportunitätskosten der Elternschaft zu einem späteren Zeitpunkt. Die Opportunitätskosten setzen sich dabei zusammen aus den entgangenen Löhnen und den Kosten für einen Widereinstieg in die Erwerbstätigkeit. Dieser Entscheidungskonflikt begleitet Frauen und Paare die gesamte Reproduktionsphase, außer die Kinderplanung wurde bereits, mit dem generellen Verzicht auf Kinder, abgeschlossen. Die Suche nach dem richtigen, rational besten Zeitpunkt für den Übergang zur Elternschaft endet dabei immer häufiger mit der Kinderlosigkeit.

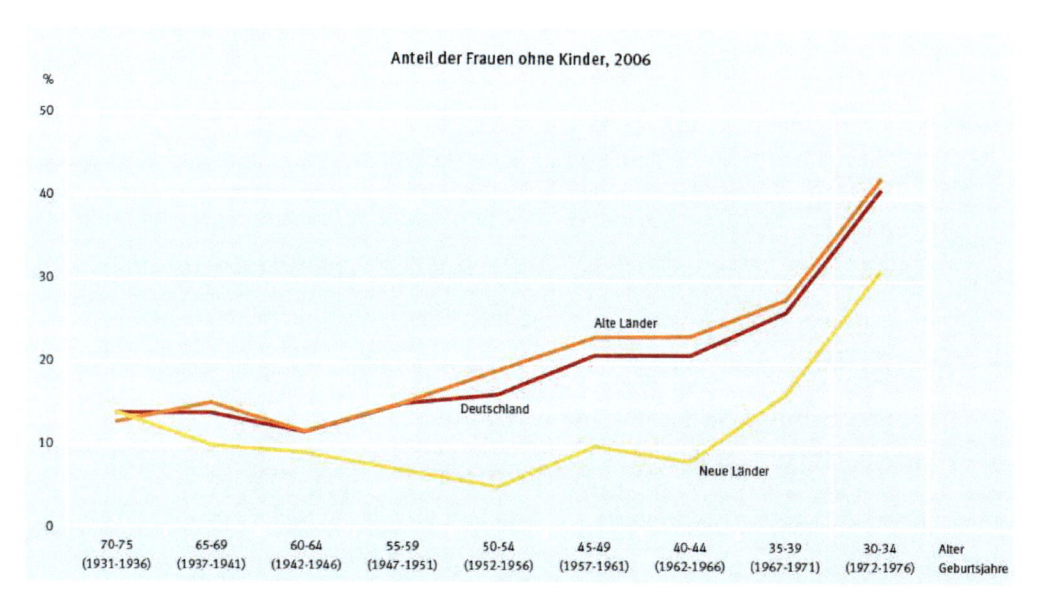

Abbildung 19: Kinderlose Frauen 2006

Quelle:
www.destatis.de/jetspeed/portal/cms/Sites/destatis/Internet/DE/Content/Publikationen/Fachveroeff
entlichungen/Bevoelkerung/BroschuereGeburtenDeutschland,property=file.pdf (02.07.2010)

Auch diese Handlungsalternative ist eine rationale Wahlhandlung, welche allerdings nicht in den Übergang zur Elternschaft mündet.

Weitere Faktoren der rationalen Abwägung vor dem Übergang zur Elternschaft sind die erwartbaren direkten Kosten von Kindern. Wie bereits dargestellt entstehen Kosten durch entgangenes Einkommen während der Schwangerschaft und in der Frühphase der Elternschaft. In den weniger entwickelten Gesellschaften werden die Kinder so früh wie möglich als Produktionsfaktor eingesetzt, um möglichst schnell einen Selbstkostenbeitrag zu erwirtschaften beziehungsweise zum Haushaltseinkommen aktiv beizutragen. In den hoch industrialisierten Staaten ist jedoch keine Arbeit für Kinder vorhanden und die Möglichkeiten gesetzlich stark eingeschränkt. Der Nachwuchs muss vor der Aufnahme einer Erwerbstätigkeit ausgebildet werden und Qualifikationen erwerben. Durch steigende Ausbildungsdauer und langjährige Schulausbildung steigen die Kosten für Kinder bis zur Erwerbstätigkeit auf ein Vielfaches an. Eine rein ökonomische Rechnung zur Rationalität von Elternschaft nach dem Vorbild der Entwicklungsländer führt auf der Mikroebene daher zu einem Verzicht auf Kinder beziehungsweise rationaler Kinderlosigkeit. Elternschaft aus einer ökonomisch-utilitaristischen Nutzenüberlegung heraus, ist in den modernen Gesellschaften eine irrationale Entscheidung.

Eine Korrelation zu den Determinanten zum Aufschub der Elternschaft findet sich in der Bestrebung nach finanzieller Unabhängigkeit wieder. Vor der Entscheidung zur Elternschaft findet bei den Paaren demnach eine Kosten-Nutzen-Abwägung statt, mit dem Ergebnis, dass Elternschaft einen dauerhaften finanziellen Mehraufwand bedeutet. Der Aufschub der Elternschaft in spätere Lebensphasen ist die logische Konsequenz und als rationale Handlungswahl identifizierbar.[83]

Welcher Nutzen von Kindern steht jedoch den Kosten gegenüber? Der ökonomisch-utilitarische Nutzen von Kindern spielt in den modernen Gesellschaften keine Rolle mehr, denn es dauert sehr lange, bis die Kinder als ökonomisierbarer Produktionsfaktor fungieren können. Der Versicherungsnutzen von Elternschaft ist dagegen weiterhin vorhanden. Es gilt auch hier ein wesentlich verzögerter Zeitpunkt in der vollen Leistungsfähigkeit der Kinder, aber bei entsprechender Erwerbstätigkeit und enger Bindung zum familiären Netzwerk sind ökonomischer Nutzen und soziale Hilfeleistungen erwartbar. Aus

---

[83] Vgl.: Mérö, László (2008): „Die Grenzen der Vernunft"

gesamtökonomischer Perspektive ist die Entscheidung zur Elternschaft keine rationale Entscheidung, sondern wird erst durch den psychischen und sozial normativen Nutzen zu einer rationalen Entscheidung auf der Individualebene.

5 Der Übergang zur Elternschaft als Konsequenz rationaler Wahlhandlung

Der Übergang zur Elternschaft ist in zwei Etappen einzuteilen. Die Rationalität der Wahlhandlungen nach der Entscheidung zur Elternschaft, das heißt zwischen der getroffenen Entscheidung und dem Zeitpunkt des Eintritts der Elternschaft mit der Geburt des Kindes ist unstrittig.[84] Hat sich ein Paar für die Elternschaft entschieden, richtet es sein Handeln mit letzter Konsequenz rational auf die Erreichung dieses Zieles aus. Die sexuellen Aktivitäten werden intensiviert und auf Kontrazeptiva verzichtet. Die Entscheidung wann es zum Geschlechtsverkehr kommt, wird nicht mehr dem Zufall überlassen, sondern bestimmen, ab sofort, der Kalender und das Thermometer. Sportliche Aktivitäten werden dem Kinderwunsch angepasst und gegebenenfalls spezielle Therapeuten zur psychischen Unterstützung aufgesucht. Die Informationen zur Verbesserung der Chancen auf eine Befruchtung der Eizelle im Mutterleib sind schier unüberschaubar. Sollte es auf natürlichem Wege nicht funktionieren, gibt es medizinische Hilfe von Seiten des Arztes. Die Palette der medizinischen Optionen führt von einer einfachen Hormonspritze bis zur künstlichen Befruchtung auf den unterschiedlichsten Wegen. Sind die biologischen Möglichkeiten ohne einen Erfolg geblieben, kommt auch die soziale Elternschaft in Betracht. Die klassische Adoption oder Aufnahme eines Kindes zur dauerhaften Pflege sind vor allem für unfruchtbare und kinderlos gebliebene Paare eine Option zur Elternschaft. Alternativ dazu können Männer und Frauen auch gezielt nach einem Partner mit Kind suchen und sich so den Wunsch zur Elternschaft erfüllen. Egal welchen Weg und welche Wahlhandlungen der Akteur letztlich nutzt, er handelt mit einem konkreten Ziel und richtet im Rahmen seiner Möglichkeiten und Informationen seine Handlungen rational, bis zum Eintritt der Elternschaft, aus.

Wird die Entscheidung zum Aufschub der Elternschaft getroffen, ist ebenfalls von rationalen Wahlhandlungen in der Folgezeit auszugehen. Der Akteur richtet seine sexuellen Handlungen entsprechend aus beziehungsweise nutzt die zur Verfügung stehenden Informationen und Mittel der modernen Medizin zur Verhinderung einer Elternschaft. Der Aufschub und die Entscheidung zur Elternschaft sind durch rationale Wahlhandlungen gekennzeichnet. Mit der Entscheidung existiert

---

[84] Vgl.: Burkart, Günter (1994): „Die Entscheidung zur Elternschaft"

ein konkretes Ziel und die Handlungen werden auf dieses Ziel, den Nutzen maximierend, abgestimmt.

Auf Grund dieser Eindeutigkeit der Rationalität der Handlungen zwischen der Entscheidung zur Elternschaft und dem Zeitpunkt des Eintritts, wurde der Entscheidungsprozess zur Entscheidung zur Elternschaft zum Untersuchungsgegenstand dieser Arbeit.

Die Rationalität der Entscheidung zur Elternschaft in der modernen Gesellschaft hängt von einer Vielzahl von Faktoren ab. Der Akteur einer individualisierten Gesellschaft ist frei in seiner Entscheidung. Die Rationalität seiner Entscheidung hängt im wesentlichen von den Informationen zum Ziel ab. Nur wenn der Akteur über Informationen zu Kosten und Nutzen der Elternschaft verfügt, kann er seine Entscheidung im ökonomischen Sinn rational treffen. Für die Entscheidung zur Elternschaft ist eine rationale Entscheidung aus einer ökonomischen Sicht heraus nicht möglich. Der Übergang zur Elternschaft ist, bei der Abwägung von Nutzen und Kosten von Kindern, mit einer Vielzahl von Unsicherheiten und Abwägungen verbunden. Eine rationale Entscheidung aus einer Kosten-Nutzen-Berechnung ist damit nicht möglich und die ökonomische Rationalität der Endscheidung zur Elternschaft auf Individualebene stellt sich maximal postum ein. Das ist dann der Fall, wenn der ökonomische Nutzen der Nachkommen größer ist, als die aufgewendeten Kosten.

Die Kosten eines Kindes in einer modernen Gesellschaft vorab zu kalkulieren ist ebenso unmöglich, wie die Berechnung eines ökonomischen Nutzens. Zu viele Faktoren sind unbekannt und abhängig von nicht beeinflussbaren Rahmenbedingungen. Letztlich kann die ökonomische Rationalität der Entscheidung zum Kind jederzeit durch ein Ereignis im Leben des Kindes, wie der Tod durch Krankheit oder Unfall vor dem Erreichen der Werterbringungsphase, zu einer irrationalen Entscheidung umformen.

Die Entscheidung zur Elternschaft ist durch die Individualisierung der Gesellschaft erst zu einer Entscheidung geworden. Die Individualisierung hat zu einer Pluralisierung der Biographien geführt und die Normerosion zu einer Anarchie der Entscheidungen auf Individualebene. Selbstbestimmtheit und freie Entfaltung sind in der modernen individualisierten Gesellschaft einzig noch an die Verfügbarkeit ökonomischen Kapitals gekoppelt. Die wichtigsten Aufgaben der Kinder, wie Absicherung gegen Risiken des Lebens und im Alter, werden heute durch Institutionen übernommen. Die ökonomische Substituierbarkeit von Dienstleistungen verringert die Bedeutung der Familie für die Lebensqualität im Alter. Der Nutzen von Kindern hat sich durch die Modernisierung der Gesellschaft umgekehrt. Die Elternschaft ist gekennzeichnet von Einschränkungen in der Wahrnehmung individueller Optionen und durch Kosten, wie den Verlust von Freizeit, Arbeitszeit und Kapitalaufwendungen für Kleidung, Ernährung und Ausbildung. Der Nutzen von Kindern hingegen beschränkt sich auf immaterielle Güter, wie Liebe, Emotionen und Geborgenheit. Die ökonomische Austauschbarkeit macht aber selbst vor diesen immateriellen Werten nicht halt. Die Pflege und Betreuung im Alter ist genauso käuflich, wie eine gepflegte Unterhaltung oder die Begleitung zum Essen. Die moderne Gesellschaft verfügt über makrosoziologische Mechanismen, die zu einer Irrationalität der Entscheidung für Kinder auf der Mikroebene führen. Die Individualisierung führte dazu, dass Elternschaft von der Selbstverständlichkeit im Lebenslauf zu einer Option von vielen in der Individualbiographie wurde. Gleichzeitig sorgte die Institutionalisierung für makrosoziologische Ausgleichsmechanismen für Kinderlose. Die Versorgungsaufgaben, wie Betreuung und Versorgung im Alter, bei Arbeitslosigkeit und Berufsunfähigkeit übernehmen Institutionen. Der Individualnutzen durch Elternschaft ist entsprechend gering und durch ökonomischen Erfolg und Mittel substituierbar in realisierbare Optionen im Alter.

Die Entscheidung zur Elternschaft ist aus mikrosoziologischer Perspektive nur bei einer Entscheidung zum Aufschub rational. Aus makrosoziologischer Betrachtung ist die Entscheidung zur Elternschaft dagegen rational. Die Konstruktion der sozialen Sicherungssysteme und das Gewinnmaximierende Streben des Menschen sind abhängig von nachrückenden Generationen, als Ideengeber, Leistungserbringer, Produktionskraft und Konsument. Elternschaft in einer modernen Gesellschaft auf hohem Wohlfahrtsniveau aus ökonomischen Gesichtspunkten jedoch nicht rational begründbar. Kinder haben aber nicht nur den ökonomischen Nutzen, sondern vor allem einen psychischen Nutzen. Die Familie bildet einen Rückzugsraum in einer individualisierten Gesellschaft. Die Individualisierung mit seiner Vielzahl von Optionen und Entscheidungswegen heißt eben auch Verlust von Sicherheiten. Die permanente Entscheidungslast überfordert das Individuum und führt zu einer Entscheidungsangst. Denn

Entscheiden heißt auch immer sich gegen eine Option zu entscheiden, einem Weg nicht nachzugehen und auf weitere Optionen zu verzichten. Wählt der Akteur eine Wahlhandlung aus, lehnt er gleichzeitig eine Vielzahl von Handlungen und deren Folgen ab. Die Individualisierungsprozesse lösen den Menschen aus seinen sozialen Strukturen heraus und bieten ihm die Chance zur Selbstverwirklichung durch die Verfolgung seiner individuellen Präferenzen. Für die Entscheidung zur Elternschaft bedeutet der Verlust von Routine und Sicherheit aus sozialen Normen einen Entscheidungsprozess mit ungewissem Ausgang. Elternschaft ist mit hoher dauerhafter Verantwortung verbunden und unterliegt selbst einer großen Unwissenheit. Die Informationsfülle und Geschwindigkeit mit der sich die Gesellschaft bewegt, Normen sich verändern oder neue Gestaltungsmöglichkeiten ergeben lassen die Entscheidung zur Elternschaft mit großen Unsicherheiten behaftet erscheinen. Günter Burkart kommt folgerichtig zu dem Schluss: „Der biographische Übergang in die Elternschaft ist auch heute in der Regel nicht das Ergebnis eines rationalen Planungsprozesses auf individueller Grundlage; nicht einmal das Ergebnis eines Entscheidungsprozesses im engeren Sinn."[85]

---

[85] Burkart, Günter (1997): „Lebensphasen, Liebesphasen: Von Paar zur Ehe zum Single und zurück?"; S.127

6 Persönliche Schlussbetrachtung

Rationalität bedeutet Vorhersagbarkeit, Abwägung und Handeln nach Maximen. Die Theorien benötigen dafür den Input von zuverlässigen Informationen und Werte für ihre Formeln. Das Ergebnis ist in der Ökonomie eindeutig und in seiner Eigenschaft für die verwendeten Werte stabil. Die Soziologie kann für menschliches Handeln jedoch keine Vorhersagbarkeit liefern, kann keine Ausgangswerte in eine Formel einsetzen und damit das Ergebnis vorhersagen. Die Handlungen von Menschen sind zu inkonsistent und die Zusammenhänge zu komplex, als das sie komplett erfassbar und als Konstante in eine Formel eingehen können. Der Übergang zur Elternschaft ist geprägt von einem Entscheidungsprozess mit unbekannten Variablen. Die Tragweite der Entscheidung zur Elternschaft ist auf Mikro- und Makroebene mit enormen Folgen verbunden. Die Entscheidung zur Elternschaft ist durch die Individualisierung zu einer Entscheidung gereift, deren Zeitpunkt die Menschen selbst wählen können, die aber von jedem irgendwann unter großer Unsicherheit getroffen werden muss. Die Rationalität in einer so komplexen Frage, wie der Elternschaft, kann sich dabei erst postum einstellen, aber dann nutzt sie uns für die rationale Entscheidungsfindung nichts mehr.

„Indem Kinderhaben aus der einstigen Selbstverständlichkeit freigesetzt wird, kommt es zu einem paradoxen Effekt: Kinderhaben wird gleichzeitig zum Wunsch und zur Frage. […], eine wirkliche Entscheidungssituation: Die Frau kann sich für oder gegen Kinder entscheiden. Oder anders gesagt, erst jetzt, wo man auch „Nein" sagen kann, gibt es auch ein bewusstes „Ja": einen persönlichen Kinderwunsch."[86]

---

[86] Beck-Gernsheim, Elisabeth (2006): „Die Kinderfrage heute"; S. 103

Literaturverzeichnis

Beck-Gernsheim, Elisabeth (2006): „Die Kinderfrage heute: Über Frauenleben, Kinderwunsch und Geburtenrückgang"; Verlag C.H. Beck oHG, München

Borchardt, Anke und Stöbel Richter, Anke (2004): „Die Genese des Kinderwunsches bei Paaren – eine qualitative Studie"; Bundesinstitut für Bevölkerungsforschung beim Statistischen Bundesamt, Wiesbaden

Burkart, Günter (1997): „Lebensphasen – Liebesphasen: Vom Paar zur Ehe, zum Single und zurück?"; Leske und Budrich, Opladen

Burkart, Günter (1994): „Die Entscheidung zur Elternschaft: Eine empirische Kritik von Individualisierungs- und Rational-Choice-Theorien"; Ferdinand Enke Verlag, Stuttgart

Burkart, Günter / Kohli, Martin (1992): „Liebe, Ehe, Leidenschaft: Die Zukunft der Familie", R.Piper GmbH & Co. KG; München; Band 1;

Buchkremer, Hansjosef / Bukow, Wolf-Diedrich / Emmerich, Michaela (Hrsg.) (2000): „Die Familie im Spannungsfeld globaler Mobilität: Zur Konstruktion ethnischer Minderheiten im Kontext der Familie"; Leske und Budrich, Opladen

Esser, Hartmut (1993): „Soziologie: Allgemeine Grundlagen"; Campus Verlag, Frankfurt am Main/New York

Esser, Hartmut (1999): „Soziologie: Spezielle Grundlagen Band 1: Situationslogik und Handeln"; Campus Verlag, Frankfurt am Main/New York

Feldmann, Klaus (2006): „Soziologie kompakt: Eine Einführung"; 4. überarbeitete Auflage; VS Verlag für Sozialwissenschaften, Wiesbaden

Gesterkamp, Thomas (2010): „Die neuen Väter zwischen Kind und Karriere"; Verlag Barbara Budrich, Opladen

Gross, Peter (1994): „Die Multioptionsgesellschaft"; Suhrkamp Verlag, Frankfurt am Main

Heinemann, Maik (2001): „Erwartungsbildung, individuelle Entscheidungen und das Lernen ökonomischer Zusammenhänge"; Metropolis-Verlag, Marburg

Herter-Eschweiler, Robert (1998): „Die langfristige Geburtenentwicklung in Deutschland"; Leske und Budrich, Opladen

Hillmann, Karl-Heinz / Hartfiel, Günter (2007): „Wörterbuch der Soziologie"; 5.vollständig überarbeitete und erweiterte Auflage; Kröner Verlag, Stuttgart

Hug-von Lieven, Christiane (2007): „Kinderlosigkeit in Deutschland: Ein Problemaufriss aus ministerieller Perspetive" In: Barlösius, Eva / Schiek, Daniela (Hrsg.) (2007): „Demographisierung des Gesellschaftlichen: Analysen und Debatten zur demographischen Zukunft Deutschlands"; VS Verlag für Sozialwissenschaften, Wiesbaden; S. 49 - 55

Huinink, Johannes; „Polarisierung der Familienentwicklung in europäischen Ländern im Vergleich" in: Schneider, Norbert F. / Matthias-Bleeck, Heike (Hrsg.) (2002): „Elternschaft heute: Gesellschaftliche Rahmenbedingungen und individuelle Gestaltungsaufgaben"; Leske und Budrich, Opladen

Jansen, Stephan A. / Priddat, Birger P. / Stehr, Nico (Hrsg.) (2005): „Demographie: Bewegungen einer Gesellschaft im Ruhezustand"; VS Verlag für Sozialwissenschaften, Wiesbaden

Kirsch, Werner (1992): „Kommunikatives Handeln, Autopoiese, Rationalität: Sondierungen zu einer evolutionären Führungslehre"; Verlag Barbara Kirsch, München

Klare, Jörn (2010): „Was bin ich wert?: Eine Preisermittlung"; Suhrkamp Verlag, Berlin

Klaus, Daniela (2008): „Sozialer Wandel und Geburtenrückgang in der Türkei: Der ‚Wert von Kindern' als Bindeglied auf Akteursebene"; VS Verlag für Sozialwissenschaften, Wiesbaden

Klein, Thomas / Eckhard, Jan (2008): „Partnerschafts- und berufsbezogene Aspekte des Kinderwunsches von Männern und Frauen." In: Feldhaus, Michael / Huinink, Johannes (Hrsg.); „Neuere Entwicklungen in der Beziehungs- und Familienforschung"; Ergon Verlag, Würzburg

Mérö, László (Deutsch von Ehlers, Anita) (2002): „Die Grenzen der Vernunft: Kognition, Intuition und komplexes Denken"; 2. Auflage; Rowohlt Taschenbuch Verlag GmbH, Reinbek bei Hamburg

Miebach, Bernhard (1991): „Soziologische Handlungstheorie"; VS Verlag für Sozialwissenschaften, Wiesbaden

Miebach, Bernhard (2006): „Soziologische Handlungstheorie: Eine Einführung"; 2. grundlegend überarbeitete und aktualisierte Auflage; VS Verlag für Sozialwissenschaften / GWV Fachverlage GmbH, Wiesbaden

Möckli, Silvano (1999): „Die demographische Herausforderung: Chancen und Gefahren einer Gesellschaft lang lebender Menschen"; Verlag Paul Haupt, Bern / Stuttgart / Wien

Nauck, Bernhard (1987): „Erwerbstätigkeit und Familienstruktur"; DJI Verlag Deutsches Jugendinstitut e.V., München

Nauck, Bernhard (Hrsg.) / Schneider, Norbert (Hrsg.) / Tölke, Angelika (Hrsg.) (1995): „Familie und Lebensverlauf im gesellschaftlichen Umbruch"; Ferdinand Enke Verlag, Stuttgart

Nauck, Bernhard / Onnen-Isemann, Corinna (Hrsg.) (1995): „Familie im Brennpunkt von Wissenschaft und Forschung"; Luchterhand Verlag GmbH, Neuwied / Kriftel / Berlin

Literaturverzeichnis

Nauck, Bernhard (2007): „Der individuelle und kollektive Nutzen von Kindern" In: Ehmer, Josef / Ferdinand, Ursula / Reulecke, Jürgen (Hrsg.) (2007): „Herausforderung Bevölkerung: Zu Entwicklungen des modernen Denkens über die Bevölkerung vor, im und nach dem „Dritten Reich""; VS Verlag für Sozialwissenschaften, Wiesbaden; S. 321 - 332

Nauck, Bernhard (2010): „Fertilitätsstrategien im interkulturellen Vergleich: Value of Children, ideale und angestrebte Kinderzahl in zwölf Ländern" In: Mayer, Boris / Kornadt, Hans-Joachim (Hrsg.) (2010): „Psychologie – Kultur – Gesellschaft"; VS Verlag für Sozialwissenschaften, Wiesbaden; S. 213 - 238

Neumann, Hans-Georg (1998): „Demographie und Familienplanung"; Universitätsdruckerei 324/98, Rostock

Peuckert, Rüdiger (2008): „Familienformen im sozialen Wandel"; 7. vollständig überarbeitete Auflage; VS Verlag für Sozialwissenschaften, Wiesbaden

Pfundt, Karen (2004): „Die Kunst, in Deutschland Kinder zu haben";Argon Verlag GmbH, Berlin

Schmidt, Thomas (1995): „Rationale Entscheidungstheorie und reale Personen: Eine kritische Einführung in die formale Theorie individueller Entscheidungen"; Metropolis-Verlag, Marburg

Scholz, Wolf-Dieter / Busch, Friedrich W. / Briedis, Kolja (2006): „Ehe – Familie – Partnerschaft: Wie denken Jugendliche über das Zusammenleben der Geschlechter? Eine empirische Untersuchung in der Weser–Ems-Region"; BIS-Verlag, Oldenburg

Schroer, Markus (2000): „Das Individuum der Gesellschaft: Synchrone und diachrone Theorieperspektiven"; Suhrkamp Verlag, Frankfurt am Main

Schröder, Torsten (2007): „Geplante Kinderlosigkeit? Ein lebensverlaufstheoretisches Entscheidungsmodell" In: Konietzka, Dirk / Kreyenfeld, Michaela (Hrsg.) (2007): „Ein Leben ohne Kinder: Kinderlosigkeit in Deutschland"; VS Verlag für Sozialwissenschaften, Wiesbaden; S. 365 – 400

Simon, Herbert A. (aus dem englischen Steiner, Thomas) (1993): „Homo rationalis: Die Vernunft im menschlichen Leben"; Campus Verlag, Frankfurt am Main/New York

Speigner, Wulfram (1987): „Kind und Gesellschaft: Eine soziologische Studie über die Geburtenentwicklung in der DDR"; Akademie-Verlag Berlin, Berlin

Szydlik, Marc (2004): „Generation und Ungleichheit"; VS Verlag,Wiesbaden

Vaskovics, Laszlo A. / Lipinski, Heike (Hrsg.) (1997): "Familiale Lebenswelten und Bildungsarbeit: Interdisziplinäre Bestandsaufnahme 2"; Leske und Budrich, Opladen

Vetter, Klaus (1999): „Kinder – zu welchem Preis?: Was es bedeutet, Kinder zu haben"; Westdeutscher Verlag GmbH, Opladen / Wiesbaden

Wahler, Peter (1997): „Berufliche Sozialisation in der Leistungsgesellschaft"; Centaurus-Verlagsgesellschaft mbH, Pfaffenweiler

Werneck, Harald (1998): „Übergang zur Vaterschaft: Auf der Suche nach den ‚Neuen Vätern'"; Springer-Verlag, Wien

Internetquellen

URL: www.zdwa.de/zdwa/artikel/20071122_32692988W3DnavidW268.php

URL: www-genesis.destatis.de/genesis/online

URL: www.destatis.de/jetspeed/portal/cms/Sites/destatis/Internet/DE/Content/Publikationen/Fachveroeffentlichungen/Bevoelkerung/BroschuereGeburtenDeutschland,property=file.pdf

URL: www.sozialpolitik-aktuell.de

URL: www.bosch-stiftung.de/content/language1/downloads/kinderwunsch.pdf

URL: www.die-bonn.de/zeitschrift/12001/positionen3.htm

URL: www.elterngeld.net/elterngeldstatistik.html

URL: www.1.tu-darmstadt.de/hg/fa/histo.htm

URL: www.wsws.org/de/2000/jan2000/kind-j13.shtml

URL: www.mpg.de/bilderBerichteDokumente/dokumentation/jahrbuch/2006/demografische_forschung/forschungsSchwerpunkt/pdf.pdf

URL: www.bpb.de

URL: www.demoblography.blogspot.com/2007/06/tfrs-in-east-and-west-germany-1980-1999.html

URL: www.zdwa.de/cgi-bin/demodata/index.plx

URL: www.zdwa.de/zdwa/artikel/diagramme/20060215_68445348_diagW3DnavidW2671.php

URL: www.demografische-forschung.org/archiv/defo1001.pdf

URL: www.ard.de/zukunft/kinder-sind-zukunft/kinder-brauchen-familie/familienmodelle/-/id=520622/nid=520622/did=538284/rpvz22/index.html

URL: www.landtag-bw.de/gremien/Abschlussbericht_EDW-Kurzfassung.pdf

Anhang

Abbildung 1: Gründe gegen (weitere) Kinder

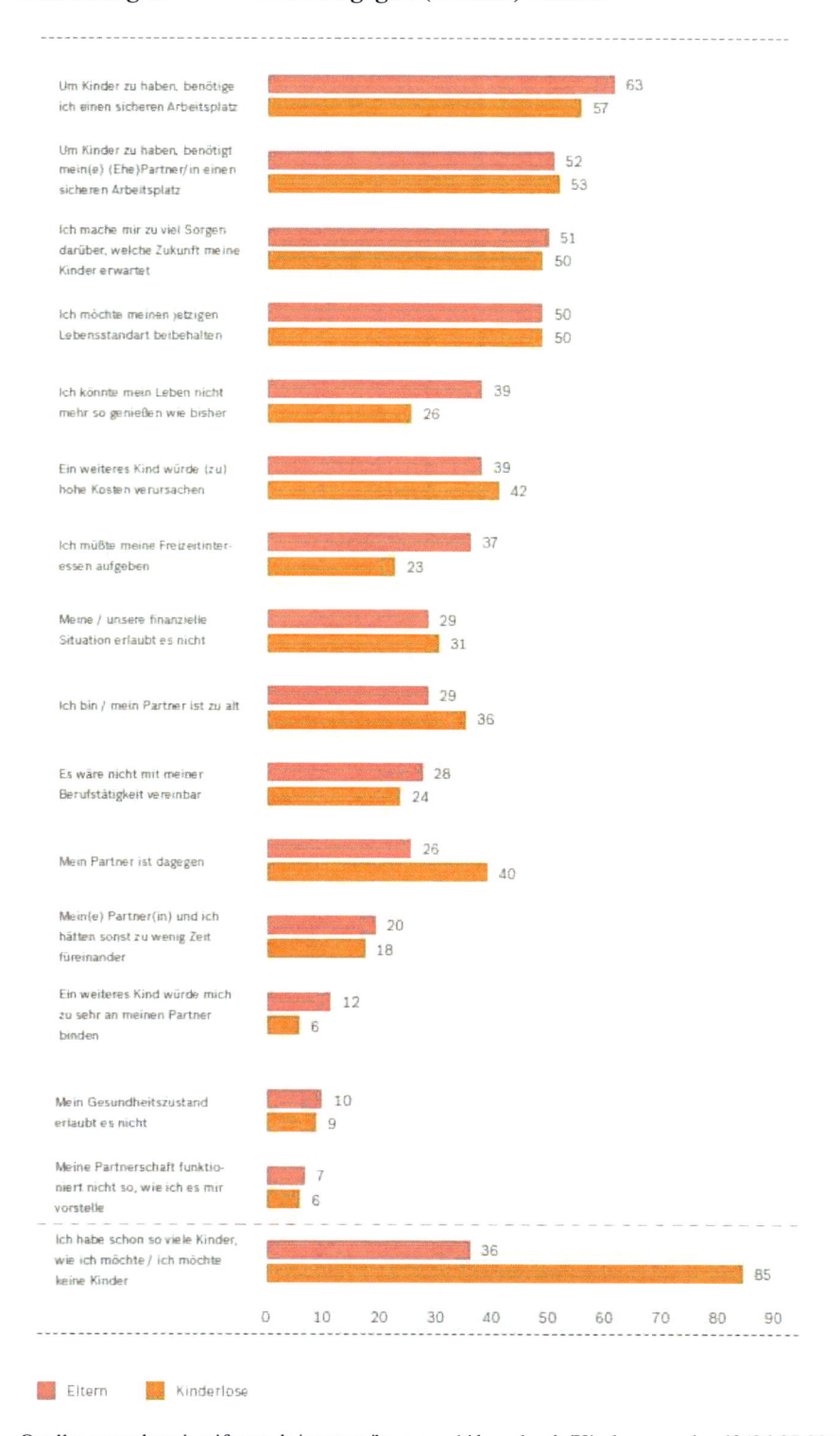

Grund	Eltern	Kinderlose
Um Kinder zu haben, benötige ich einen sicheren Arbeitsplatz	63	57
Um Kinder zu haben, benötigt mein(e) (Ehe)Partner/in einen sicheren Arbeitsplatz	52	53
Ich mache mir zu viel Sorgen darüber, welche Zukunft meine Kinder erwartet	51	50
Ich möchte meinen jetzigen Lebensstandard beibehalten	50	50
Ich könnte mein Leben nicht mehr so genießen wie bisher	39	26
Ein weiteres Kind würde (zu) hohe Kosten verursachen	39	42
Ich müßte meine Freizeitinteressen aufgeben	37	23
Meine / unsere finanzielle Situation erlaubt es nicht	29	31
Ich bin / mein Partner ist zu alt	29	36
Es wäre nicht mit meiner Berufstätigkeit vereinbar	28	24
Mein Partner ist dagegen	26	40
Mein(e) Partner(in) und ich hätten sonst zu wenig Zeit füreinander	20	18
Ein weiteres Kind würde mich zu sehr an meinen Partner binden	12	6
Mein Gesundheitszustand erlaubt es nicht	10	9
Meine Partnerschaft funktioniert nicht so, wie ich es mir vorstelle	7	6
Ich habe schon so viele Kinder, wie ich möchte / ich möchte keine Kinder	36	85

Quelle: www.bosch-stiftung.de/content/language1/downloads/Kinderwunsch.pdf (06.07.2010)

Anhang 60

Abbildung 3: Bewilligte Elterngeldanträge in Deutschland für das Jahr 2007

Nach Höhe des Elterngeldes und Geschlecht der Empfänger, Anteile in Prozent, Jan. bis Dez. 2007

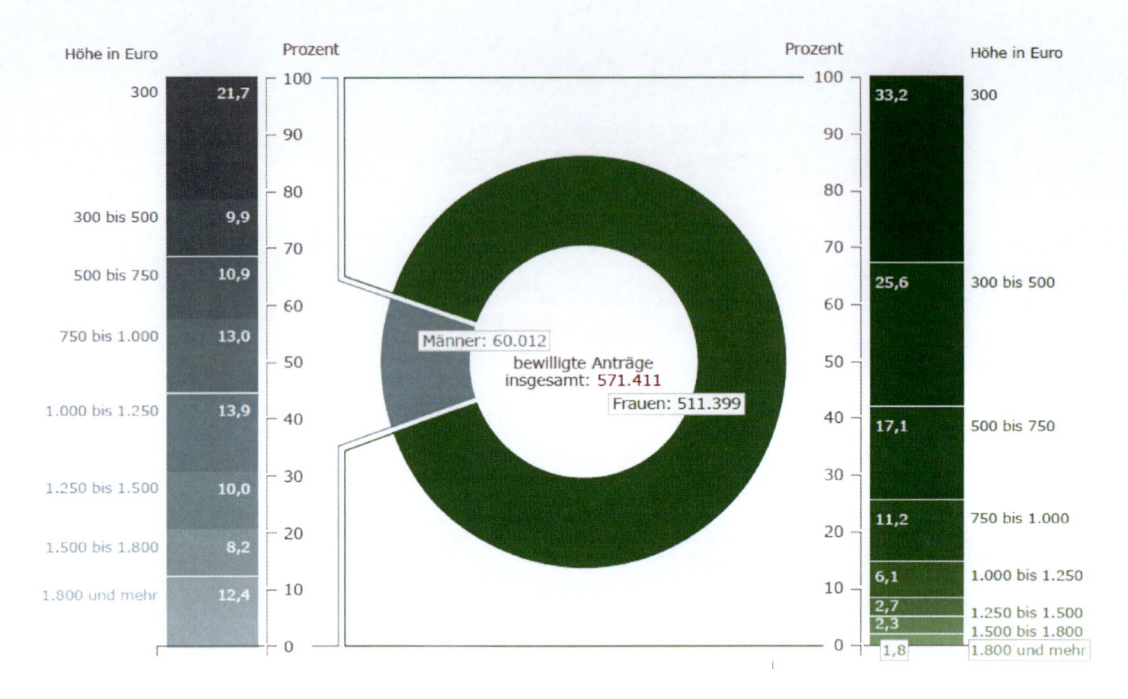

Höhe in Euro	Männer (Prozent)	Frauen (Prozent)	Höhe in Euro
300	21,7	33,2	300
300 bis 500	9,9	25,6	300 bis 500
500 bis 750	10,9	17,1	500 bis 750
750 bis 1.000	13,0	11,2	750 bis 1.000
1.000 bis 1.250	13,9	6,1	1.000 bis 1.250
1.250 bis 1.500	10,0	2,7	1.250 bis 1.500
1.500 bis 1.800	8,2	2,3	1.500 bis 1.800
1.800 und mehr	12,4	1,8	1.800 und mehr

Männer: 60.012
bewilligte Anträge insgesamt: 571.411
Frauen: 511.399

Quelle: www.bpb.de/files/9HEW6J.pdf (05.07.2010)

Abbildung 11: Verhältnis von Erwerbstätigen zu Rentnern

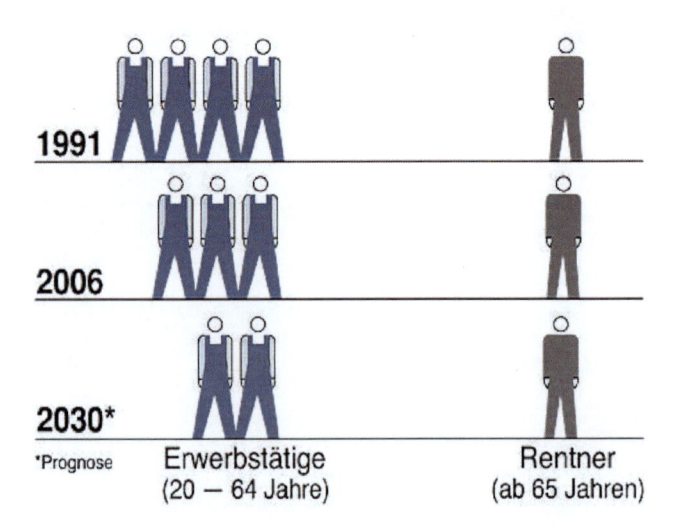

1991: 4 Erwerbstätige : 1 Rentner
2006: 3 Erwerbstätige : 1 Rentner
2030* (*Prognose): 2 Erwerbstätige : 1 Rentner

Erwerbstätige (20 – 64 Jahre) — Rentner (ab 65 Jahren)

Quelle: www.bundestag.de/blickpunkt/101_Themen/0603/0603024.htm (02.07.2010)

Anhang

Tabelle 1: Fertilitätsraten in Europa von 1996 bis 2006 im Vergleich

	1996	1997	1998	1999	2000	2001	2002	2003	2004	2005	2006
Belgium	1.59	1.60	:	:	:	:	:	:	:	:	:
Bulgaria	1.23	1.09	1.11	1.23	1.26	1.20	1.21	1.23	1.29	1.31	1.37
Czech Republic	1.18	1.17	1.16	1.13	1.14	1.14	1.17	1.18	1.22	1.28	1.33
Denmark	1.75	1.76	1.73	1.75	1.78	1.76	1.72	1.76	1.78	1.80	1.83
Germany	1.32	1.37	1.36	1.36	1.38	1.35	1.34	1.34	1.36	1.34	1.32
Estonia	1.37	1.32	1.28	1.32	1.39	1.34	1.37	1.37	1.47	1.50	1.55
Ireland	1.88	1.93	1.93	1.89	1.88	1.93	1.96	1.95	1.93	1.86	1.90
Greece	1.28	1.28	1.26	1.24	1.26	1.25	1.27	1.28	1.30	1.33	1.39
Spain	1.16	1.17	1.16	1.19	1.23	1.24	1.26	1.31	1.33	1.35	1.38
France	:	:	1.78	1.81	1.89	1.90	1.88	1.89	1.92	1.94	2.00
Italy	1.20	1.21	:	1.23	1.26	1.25	1.27	1.29	:	1.32	:
Cyprus	1.95	1.86	1.76	1.67	1.64	1.57	1.49	1.50	1.49	1.42	1.47
Latvia	1.18	1.14	1.12	1.19	1.24	1.21	1.23	1.29	1.24	1.31	1.35
Lithuania	1.49	1.47	1.46	1.46	1.39	1.30	1.24	1.26	1.26	1.27	1.31
Luxembourg	1.77	1.72	1.68	1.74	1.76	1.65	1.63	1.62	1.66	1.66	1.65
Hungary	1.46	1.37	1.32	1.28	1.32	1.31	1.30	1.27	1.28	1.31	1.34
Malta	:	:	:	:	:	:	:	:	:	1.38	1.41
Netherlands	1.53	1.56	1.63	1.65	1.72	1.71	1.73	1.75	1.73	1.71	1.70
Austria	1.45	1.39	1.37	1.34	1.36	1.33	1.39	1.38	1.42	1.41	1.40
Poland	1.59	1.52	1.44	1.37	1.35	1.32	1.25	1.22	1.23	1.24	1.27
Portugal	1.44	1.47	1.47	1.50	1.55	1.45	1.47	1.44	1.40	1.40	1.35
Romania	1.37	1.40	1.40	1.39	1.39	1.31	1.26	1.27	1.29	1.32	1.31
Slovenia	1.28	1.25	1.23	1.21	1.26	1.21	1.21	1.20	1.25	1.26	1.31
Slovakia	1.47	1.43	1.37	1.33	1.29	1.20	1.18	1.20	1.24	1.25	1.24
Finland	1.76	1.75	1.70	1.74	1.73	1.73	1.72	1.77	1.80	1.80	1.84
Sweden	1.60	1.52	1.50	1.50	1.54	1.57	1.65	1.71	1.75	1.77	1.85
United Kingdom	1.73	1.72	1.71	1.68	1.64	1.63	1.64	1.71	1.77	1.78	1.84
Croatia	:	:	:	:	1.47	1.38	:	1.32	1.34	1.41	1.38
FYR of Macedonia	2.07	1.93	1.90	1.76	1.88	1.73	1.80	1.77	1.52	1.46	1.46
Iceland	2.12	2.04	2.05	1.99	2.08	1.95	1.93	1.99	2.04	2.05	2.08
Liechtenstein	:	:	:	:	1.57	1.52	1.47	1.37	1.44	1.49	1.42
Norway	1.89	1.86	1.81	1.84	1.85	1.78	1.75	1.80	1.83	1.84	1.90
Switzerland	1.50	1.48	1.47	1.48	1.50	1.38	1.39	1.39	1.42	1.42	1.43

Quelle:www.epp.eurostat.ec.europa.eu/statistics_explained/index.php/Fertility_statistics (05.07.2010)